ΟΥΡΕΣΙΦΟΙΤΗΣ HELVETICUS,

Sive

ITINERA

Per

HELVETIÆ
ALPINAS REGIONES

Facta

ANNIS

MDCCII. MDCCIII. MDCCIV. MDCCV. MDCCVI.
MDCCVII. MDCCIX. MDCCX. MDCCXI.

Plurimis Tabulis æneis illustrata

à

JOHANNE JACOBO SCHEUCHZERO,

Tigurino, Med. D. Math. Prof. Acad. Leopoldino-Carolinæ & Socc.
Regg. Anglicæ ac Prussicæ Membro.

TOMUS QUARTUS,

Nunc primum Editus, & comprehendens
ITINERA ANNORUM MDCCX. MDCCXI. & ACARNANIA.

TEMPORE & INDUSTRIA.

LUGDUNI BATAVORUM,
Typis ac Sumptibus PETRI VANDER Aa.
MDCCXXIII.

JOHANNIS JACOBI SCHEUCHZERI,

Tigurin. Med. Doct. Math. Prof. Acad. Leopol-
dino - Carolin. & Socc. Regg. Anglic. ac
Prussic. Membr.

ΟΥΡΕΣΙΦΟΙΤΗΣ
HELVETICUS,

SIVE

ITINERIS ALPINI
Descriptio Octava,

ANNI MDCCX.

Nunc primum Edita.

ITER ALPINUM
OCTAVUM,
ANNI MDCCX.

Id commune habent virtutes atque vitia, ut miseri nos beatique mortales tantò ardentiùs utraque prosequamur, quò plus eorum dulcedinem, seu apparens ea fuerit, seu vera, gustamus. In virtutum stadio currimus læti, licet id spinis sit obsitum, sed & in vitiorum palæstra sudamus, licet ultimus eorum finis sit præcipitium. Idem nescio quo fato accidit Historiæ Naturalis scrutatoribus, sumtus impendimus, & pro Instrumentis, & pro libris, itineribus, tempori non parcimus, sudores profundimus, vires ipsas exhaurimus, conscendimus montes, descendimus per præcipitia, pererramus Valles, ut DEI Creatoris & Conservatoris ubique conspicua gloria celebretur, & veritas ex DEI sinu emanans protrahatur in lucem. Est hoc ipsum principium & meta Excursionis alpinæ, quam hujus anni vergente æstate institui, cum Nobiliss. optimæ spei juvenibus Dⁿ. Henrico Eschero, Conrado Gossweilero, Andrea & Casparo Mejeris. Id autem imprimis mihi proposui, ut Toggici Comitatus situm delinearem, & experimenta Barometrica pro inquirenda varii Aëris Elasticitate ab Illustrissⁿᵒ Abbate Bignonio, Societatis Regiæ Parisiensis Præside & Cl. Dⁿᵒ Maraldi ejusdem Socio nuperrimè commissa, eâ quâ possem fide & dexteritate instituerem, aliis non omissis, quæ

X x x 2   Histo-

Hiſtoriæ patriæ tum Naturali tum Geographico Politicæ inſervire poſſunt.

Ante autem quam Tiguro diſceſſi, eodem, quem in itinere adhibui, Tubo vitreo, Experimenta feci in ædibus præclare docti & virtuoſi ob Religionem exulis Dⁿ. Formondii. Series autem Experimentorum hæc eſt. Paratur primò Tubo hermeticè ſigillato 33. digitos alto Barometrum ordinarium, ita quidem, ut Tubus integer impleatur, ad ſupremum uſque marginem, Argento vivo, & inverſo Tubo adnotetur altitudo Mercurii à ſuperficie ejus, qui in vaſe jacet. Dehinc adimpletur Tubus ad eam uſque altitudinem, ut tres digiti Pariſini in ſummo Tubo reſtent Aëre pleni, reliquis 30. digitis Mercurio refertis. Inverſo rurſum Tubo obſervatur altitudo Mercurii & Aëris, qui in ſummo Tubo ſe ſe ad id uſque ſpatium dilatavit, ut Mercurius cum Aëre incluſo in æquilibrium fuerit redactus cum Aëre Atmoſphærico externo. Porro relinquuntur in ſummitate Tubi 6. digiti Aëris, dein 9. 12. 15. 18. 21. 24. 27. 30. animadverſis ſemper altitudinibus & Mercurii & Aëris.

Die 6. Sept. Tubo 33. digg. longo 2. lineas habente in Diametro Tiguri h. 8. a. m. Barometri totius altitudinem habui 26. digg. 4. lin. & inter horam 9. ac 10. 26. 4½. cœlo ſereno, nubibus tamen interfuſo.

Spatia Aëris in Tubo relicti.	Altitudo Merc.	Spatia Aëris extenſi.
3	19. 9 bis.	12 6½.
6	16. 8	15 7½.
	16. 7½ bis.	15 8.
9	14. 3	18 0.
12	11. 11 bis.	20 3.
15	9. 9 bis.	22 6.
	9. 7½.	22 7.
18	7. 5½.	24 8½.
	7. 6	
21	5. 3 bis.	27 0.
24	3. 3 bis.	28 11.
27	1. 6 bis.	30 7½.
30	4. bis.	31 10½.
		Eodem.

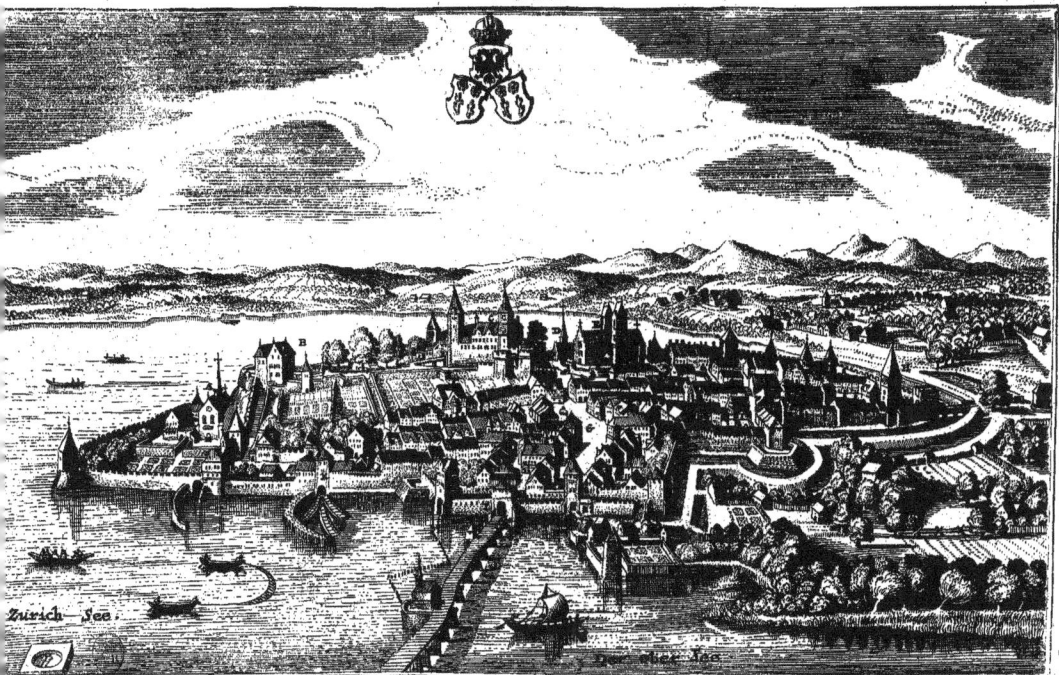

Zürich-See.

Eodem hoc Tubo in Itinere quoque fum ufus, unde con-
formitas Experimentorum tanto reddetur certior; non tamen
præteribo Experimenta facta die 5. & 6. Septembris alio Tubo tenuiori dimidiæ circiter, ratione prioris, Diametri.

Igitur die 5. h. 8. a. fuit altitudo Barometri totius 26. 2.
vacui in Tubo 6. 1.

Spatia Aëris in Tubo relicti.	Altitudo Merc.	Spatia Aëris extenfi.
6	16. 3.	16. 0.
	16. 2½.	
9	13. 3 bis.	19. 0.
12	10. 11 bis.	21. 6¼.
Poft meridiem		
15	8. 9 bis.	23. 6.
18	7. 0 bis.	25. 3.
21	5. 4 bis.	27. 0.
Die 6. altit. Barom. 26. 8.		
24	3. 9 bis.	27. 6.
27	2. 3½.	30. 0.
30	11.	31. 4.

Die 9. Sept.

Tiguro difceffi, & h. 1. p. m. Raperfuilam veni: feries Pa- *Raperfuila:*
gorum, quos tranfivimus, hic eft:

Riespach ¼. h.
Zollikon 1.
Goldbach ¼.
Kusnacht ¼.
Ehrlibach ½.
Herrliberg ½.
Meilen 1.
Uttikon ¼.
Mannidorf ½.
Stäfen ½.
Schirmenfee , Urikon , ½.
Feldbach ½.
Rapperfchweil ½.

Ditionis Tigurinæ.

In

In altera Lacus Tigurini ripa 1½. h. ab urbe est *Pagus Rüschlikon,* in cujus eminentiori parte centenis aliquot pedibus supra Horizontem Lacus effoditur nunc *cespes bitumino-*

sus, quem *Turffæ* nomine vulgò nuncupant in Belgio: effodiuntur autem unâ vice commodo Amæ seu Bipalii Instrumento, *cespites* bini, qui in prato vicino per biduum vel triduum depositi, posteà crateribus ligneis impositis transportantur in ædiculam horreo ferè similem Vento undique perflatilem, ubi sub tecto ab injuriis Pluviæ immunes exsiccantur, & dehinc in repositorio Communi ampliori asservantur, ut lignorum vice ad usus domesticos adhiberi queant.

Profunditas Turffi fodinarum harum est 12. circiter pedum, ubi notabile, stratum Turffaceum supremum esse nigrum, ponderosum, inferiora sensim fusca magis vel rubra, &, quod mireris, leviora: in imis fodinis horizontaliter demersi jacent abietum prægrandis molis Trunci cum suis ramis. Infra strata Turffacea est semipedale circiter stratum Terreum vel argillaceum coloris cinerei, cochleis & conchis minutis refertissimum. Ubicunque Terram hanc effodi curavimus, ingentem ubivis reperimus cochlearum illarum copiam, suntque tum cochleæ, tum conchulæ aquatici generis non terrigenæ. In ipsa Turffa demersos quoque reperias Avellanarum fructus, & Pineos conos, de quibus in *Herbario Diluviano,* occasione Turffæ Rütensis.

Non prætereunda silentio est circumstantia supra memorata de Turffa graviori superiori loco, & leviori inferiori sito, quæ legibus gravitatis &-subsidentiæ repugnare videtur. Dignam utique censeo hanc observationem, quæ explicetur, ut Hypotheseos nostræ veritas magis illucescat. Id quod colorem atrum dat strato supremo, nec non pondus, & arctiorem compagem, est bituminosus quidam succus, qui omnes poros infercit, & Fibras Turffæ colligat; succo hocce repleta primitus fuêre strata cespitum, sensim tamen & sensim inde è fibrarum muscosarum interstitiis ab aqua elota, ut succus ipse superiora petere necessum habuerit, descendere quippe non poterat tum propter levitatem suam, tum propter Aquarum sursum pellentium impetum, tum propter stratum arenosum in-

fra

fra argillaceum demersum.   Ratiocinium autem hocce probo
ex obfervationibus in ipfo loco natali factis.   Oleum bitumi-
nofum magna fatis copiâ ex gravioribus cefpitibus prolicio per
deftillationem, nulla ferè vel paucâ ex levioribus : odor ipfe
accenforum cefpitum fuperiorum fortior quam inferiorum. Du-
ratio illorum in igne longe major, quam horum.   In primis
verò notari meretur, quod ipfi nigri & ponderofi cefpites ex-
cifi, & pluviæ per dies aliquot fub dio expofiti, inde ita e-
luantur, ut & leviores, & rubicundiores, & minùs durabiles,
infimis cefpitibus fimillimi evadant, unde neceffum habemus,
pro confervatione Turffarum, eafdem tertio quartove die fub
tectis recondere, ut à pluviæ damnis reddantur immunes. Ad-
ditamenti loco poterit effe hæc obfervatio ad Herbarium Diluvianum, quandoquidem certum omnino eft, & ex Analyfi
tum oculari tum Chymica demonftrandum, effe ipfam cefpitum bituminoforum folidam fubftantiam vegetabilem, non mi-
neralem.

Trihorio à Tiguro diftat *Horga*, Pagus, & fupra eum *Käpf-* *Horga*.
nacum, ubi Vena eft *Carbonum Foffilium*, quorum ope in *Pagus.*
Fornace eum in finem cum craticulis ferreis extructo calx ex- *Käpfna-*
coquitur intra 12. horarum fpatium.   Item calx eâ cum diffe- *cum.* *Vena Car-*
rentiâ, ut ftratum infimum Cefpitum fit pedale, vel fefquipe- *bonum Fof-*
dale, & dehinc tum cefpites, tum lapides fine ordine invi- *filium.*
cem mifceantur.

Erlibaci vidimus Mufeum Dⁿ. *Heffii*, Nummis, tum antiquis, *Erlibacum.*
tum recentioribus imprimis memorialibus fatis inftructum. *Dⁿ. Heffii*
                                                            Mufeum.
Extat inter alios STEPHAN PRAUN ALTERS. 28. ca-
pite barbato.   An hîc fuerit civis Tigurinus ex Nobili Brau-
niorum Familia & quis, non conftat.   Memoratur de quodam hujus nominis, confcripfiffe iter Conftantinopolitanum.
Ab altero hujus Nummi latere funt Venus & duæ Cupidines, alter globo innixus.

Raperfuila poft meridiem contuli me ad Turffi fodinas Rü-
tenfes, vifurus laborum noftrorum progreffum, rediique ejuf-
dem diei vefperâ una cum Societate Raperfuilam.

In Ufnaugiæ Infula mortuus dicitur 1. Sept. 1523.   Eques
Francus illuftris & profapiâ & doctrinâ, *Huldricus Huttenus*,
                                                            ibique

ibique fepultus. Epitaphium ejus memorat Wagner. Merc. Helv. p. 34.

> *Hic eques auratus jacet, oratorque difertus,*
> *Huttenus vates, carmine & enfe potens.*

Nunc autem nec de fepulchro, nec de Epitaphio quidquam amplius vifitur.

Jona, Pagus. *Jonæ,* qui Pagus haud longè à *Raperfuild* diftat, ara fuit Romana hac infcriptione:

C. OC. PROVIN.
S. L. D. D. D.

Cajus Octavius Provinus ftatuit
Locus Datus Decreto Decurionum.

Hæc Infcriptio non amplius legitur, quoniam ea Saxi pars, quæ illam habet, parieti Templi eft five per incuriam, five ftudiofâ ignorantiâ & ex falfi zeli fundamento applicata.

Raperfui-lenfium Status poli-ticus. Statum Raperfuilenfium politicum, ante delineabo, quam ex hoc oppido difcedo, tanto autem lubentius, quod condi- tio & fitus hujus oppidi ingrediatur rationem ftatus Inclytæ noftræ Reipublicæ. Gaudebat hæc parvæ quidem extenfio- nis, fed momentofi fitus Refpublica fub ipfis Comitibus Ra- perfuilenfibus fuis juribus, quæ illibata ferè fervavit ufque ad paucos abhinc annos, inde ab A°. 1458. quo Urios, Suiten- fes, Subfylvanos ac Glaronenfes in fuos affumfit Protectores, qui nunc jus protectionis penè commutat in Jus Dominii: Non parum certè amifère oppidi Incolæ de fua libertate, quo- niam oppidum & arcem aperte fervare tenentur imminentibus periculis, quibus imprimis res agetur inter Cantones Pontifi- cios ac Reformatos, *Rapperfchweil fol Statt und Schlofs offen behalten, uns* (*den Schirmorthen*) *zu gutem.* Magno id qui- dem fit non Raperfuilenfibus folis fed Tigurinis, & toti Hel- vetiæ Proteftanti præjudicio, quandoquidem non abs caufa confiderari poteft hoc oppidum ut lingula vel hypomochlium in Libra Helvetica. Arx feu Caftellum eft eminenti fitu loca- tum, quod occupat Præfectus, *Schlofs Vogt.* Eft is Civis Ra- perfuilenfis, electus olim a civitate, à Cantonibus Protectori- bus confirmari folitus, nunc verò eligitur ab ipfis his Cantoni-

bus

HULDRICUS ZWINGLIUS,
Theologus Figurinus.

bus vi Documenti inter illos erecti Fœderalis, *in Kraft des Schirm und Pundt Brieffes*. Quod si lites exoriantur inter partes has paciscentes, dirimi debent ex *Eremi Helvetiorum*, Judicibus constitutis numero utrinque æqualibus, *zu gleichen Sätzen*, votis verò stantibus in æquilibrio, eligi debet arbiter, *ein Obmann*, ex ipsis Judicibus, qui juramento erga Magistratum suum liberatur, novoque ad jus dicendum remoto omni partium studio adstringitur, id quod in aliis quoque Helvetiorum litibus fieri consuescit. Imminentibus belli periculis Gubernator Arcis, *der Commendant*, est plerunque ex Vicinia petitus *Suitensis*, nomine quidem Cantonum Protectorum, sed & eorundem sumtibus. Fœdus juramento confirmatur inter Rapersuilenses & Cantones Protectores singulis Annorum lustris in circa. *Senatus* est duplex, *Major & Minor.* Componitur hic ex 15. viris, incluso *Sculteto*, *Poligrammateo*, & *Curiæ Administratore*, *Schultheiss*, *Stattschreiber*, & *Grossweibel*, qui tres quidem animi sui sensa enuntiare possunt, sed tamen nulla obtinent vota : *Majorem* Senatum constituunt 24. personæ, non numeratis tribus supra recensitis, penes quos tamen, unum nempe ex illis, stat vota æqualia dirimendi potestas. *Minor* decidit sine appellatione, liberum tamen stat ei, res graves vel intricatas proponere Majori. Uterque, & major & minor, conferunt officia, *sie bestellen die Aemter*; minor eligit se ipsum, membra nempe quæ sibi deficiunt. Ast si quæ eligenda veniunt Membra majoris Senatus & judicii Forensis, fit id junctim ab utroque Senatu. Assistit major minori in Criminalibus, & simul Examini subjicit computos reddendos, minor quidem in specialibus, major in generalibus duntaxat. *Judicium Forense*, *das Gericht*, decidit lites inter Creditores & Debitores, aliasque id genus in foro obvias. Omnia alia dirimit Senatus minor. Scultetum eligit Civitas, Poligrammateum & Curiæ Administrum, uterque Senatus. Antehac fuere Rapersuilensis liberi in decidendis suis litibus, quæ nunc appellando trahi possunt ad Cantones Protectores, ut adeo umbra duntaxat Libertatis Rapersuilensibus remaneat. Facies hæc rerum mutata occasione belli Toggici, A°. 1712. & libertas oppido restituta, ut tranquilli

vivant oves fub Protectione Cantonum, Tigurini, Bernenfis & Glaronenfis.

Pagus
Hurden.

Die 10. Septembris Raperfuilâ difceffimus per Pontem ad
Pagum *Hurden*, qui è regione eft oppidi, & nomen habet
à *Cratibus*, quibus integer ferè Lacus eft ita angulatim traje-
ctus, ut pifces derivari debeant ad naffas in angulis cratium
pofitas. Sunt in ea Opinione Raperfuilenfes, Lacum olim
fubtranfiviffe Pontem non integrum, fed in rivulos divifum,
ut fuerit tunc Pons non unus continuus, fed plures divifi. *Pons*
hic extendit fe ad 1850. paffus, fuitque fabricatus juffu Archi-
ducis Alberti II. Auftriæ, & finitus à filiis Rudolpho IV. &
Leopoldo III. qui cognomen habuit Probi. Tenentur Raperfuilenfes Pontem hunc, ficubi deficit, reficere. Quo id
autem fiat commodius, vectigal recipiunt tum ab Equis, tum
à Peditibus quibufvis.

Inter *Hurden* & *Altendorff* Sepes funt, inter quas via patet, vivæ denfè valde, & eminentiore fitu plantatæ, quæ infigni poffent effe obftaculo aggrefforibus ex parte Lacus, &
Loricæ vicem præbere Suitenfibus.

Supra Pagum *Altendorff*, ubi Parochia eft antiquiffima, re-
liquiæ vifuntur *Cafus Montis*, qui fufius defcribitur in Tom.
III. *Schweitzer Natur. Gefch.* p. 3.

Vicus ad
Lacum.

In Vico *ad Lacum*, *Lachen*, qui totius *Provinciæ ad fi-*
nes, *der Landfchafft March*, eft primarius, fuperbum, &
opulentæ urbi magis quam vico proportionatum, extruitur
templum. Campanam cingit infcriptio antiquo Charactere fufa.
EXAVDIVIT DOMINVS ET DISSIPENTVR INIMI-
CI EIVS. PSALM XLIX. ANNO DOMINI 1592.

Provincia
ad fines,
Landfchafft
March.

Provincia hæc *ad fines* dicta, Ditioni *Suitenfi* eft innexa,
ita tamen, ut fuis quoque gaudeat Juribus. Vota fua in Rebus ftatus colligunt, ut ipfi Suitenfes, convocantque populum
fuum, *die Landsgemeind*, in prato extra vicum primarium fito, plerunque tamen, fi non femper, fe fe conformant cum
fuis Dominis, qui Provinciæ huic præfigunt Thefaurarium,
den Lands Sekelmeifter, qui in vico ad Lacum proprium habet
delatorem, *Trager* dictum, & Præfecti fi non titulum, tamen
perfonam agit. Provinciam hanc poffederunt olim Comites

Raper-

Raperfuilenfes, poft circa annum 1315. devenit illa ad Werne-rum Comitem Hombergenfem, ab hoc ad Johannem Comi-tem Habfpurgenfem, poftea ad Auftriacos. Tandem A°. 1408. jure belli ad Abbatifcellanos, & ab his jure donationis ad Sui-tenfes, refervatis, ut ante dictum, fuis juribus. In Confiniis inter Provinciam ad fines, & Glaronenfem ditionem, infra Pagum *Bilten*, examinavi *Cefpites bituminofos*, qui triplicis funt generis. 1. Graviores luto immixti. 2. Leviores, 3. Me-diæ fortis meliores, quos etiam pro Commercio cum proprie-tariis ftabiliendo felegi.   Stratum fupremum eft terreum, fe-quitur lutofum, poft lutum Turffaceæ materiæ, & ramulis ar-borum interftinctum, tandem Turffa fola.

In Hofpitio *Balnei Infra-Urnenfis*, *Nider Urnen Bad*, fuimus pranfi.   Balnei ipfius defcriptio reperiunda *Tom.* III. *Schweitz. Nat. Gefch.*

Prope Pagum *Nider Urnen* Pons eft novus, qui commu- *Pagus* nicationem dat Glaronenfibus ex utraque Linthæ parte Refor- *Nider Ur-* matis, qui utrobique alias feparati in periculis Belli abforberi *nen.* poffent à Pontificiis, tum Glaronenfibus, tum Suitenfibus, tum Caftrorum Rhæticorum.

Trans Pontem autopfiæ fubjeci *Cefpites* alios *bituminofos*, qui pariter triplicis funt generis ut ante recenfiti, mediæ ta-men fortis præftantiores funt & compactiores Biltenenfibus.

In Pago *Ober Urnen* fequens legitur memoriale Epitaphium: *Pagus Ober Urnen.*

Ingens fpes Patriæ, Nob. JOH. ANTONIUS TIL-LIER, Civis Bernenfis, ejufdemque Reipublicæ Du-centumvir ab Acidulis Rhætiæ rediens, Navi ad Pon-tem Lateritium medio ætatis flore eheus fubmerfus A. 1678. hora 1 poft merid. hoc fitus eft fub cefpite.
Ubi
Anima præmiffa Æther præftolatur beatitudo, plangenti-bus imprimis dulciffimis Conjuge Johanna Frifching, Matre Melit. Elifabetha Delon cum duobus Filiis Joh. Antonio, & Samuele, & Viris Generofiff. Ampliff. vixit A. 29. menf. 8. dies 8.

Yyy 2   Series

Series Pagorum, quos hodie transivimus, hic est: Raperfuilâ

Hurden ¼. *h.*
Altendorff ½.
Lachen ¼.
Galgenen ¼.
Sibnen ¼.
Schübelbach ¼.
Buttikon ¼.
Rychenburg ¾.

} Provinciæ ad Fines.

Bilten ½.
Nider Urnen Bad ½.
Nider Urnen ¼.
Ober Urnen ¼.
Näfels ½.
Netstal ½.
Glarus ¼.

} Ditionis Glaronensis.

TAB. I. Pro faciliori tum *Liberi Montis*, tum aliorum Territorii Glaronensis Montium placet præmittere Mappam (vid. TAB. I.) Geographicam fingularem, confectam a Rev. Dⁿ. *Henrico Tfchudio* V. D. M. Suandenfi Doctiffimo & amiciffimo, puta cum Indice omnium Alpium feu Pafcuorum Alpinorum, quibus fingulis additæ funt portiones, *Stöffe* dictæ.

Mons Liber, Breyberg. Die 11. 12. Sept. Glaronæ nobis propofuimus confcenfum *Montis Liberi, des Freybergs,* qui capita fua erigit inter Valles binas, *Majorem & Minorem,* & Afylum eft non Rupicapris duntaxat, fed quoque aliis Feris tum Avibus, tum Quadrupedibus, ut nemini licitum fit ex Glaronenfibus, cum armis hunc montem confcendere. De eo fufiùs egi in T. III. *Schweitz. Natur. Gefch.* Impetravimus & nos veniam afcendendi hunc Montem, tum ut oculis videremus greges integras Rupicaprarum, tum ut Experimenta inftitueremus Barometrica. Donata autem nobis fuit ab Ampliff. Reip. Glaronenfis Præfidibus licentia feriundi unam ex Rupicapris, quo fic moleftum mifceretur utili, & utile dulci; Affumfimus proin præter alios, qui fponte fe nobis immifcuere, in focietatem noftram Dⁿ. Trümpium Chirurgum & Venatorem unum ex juratis,

Tab. 2.

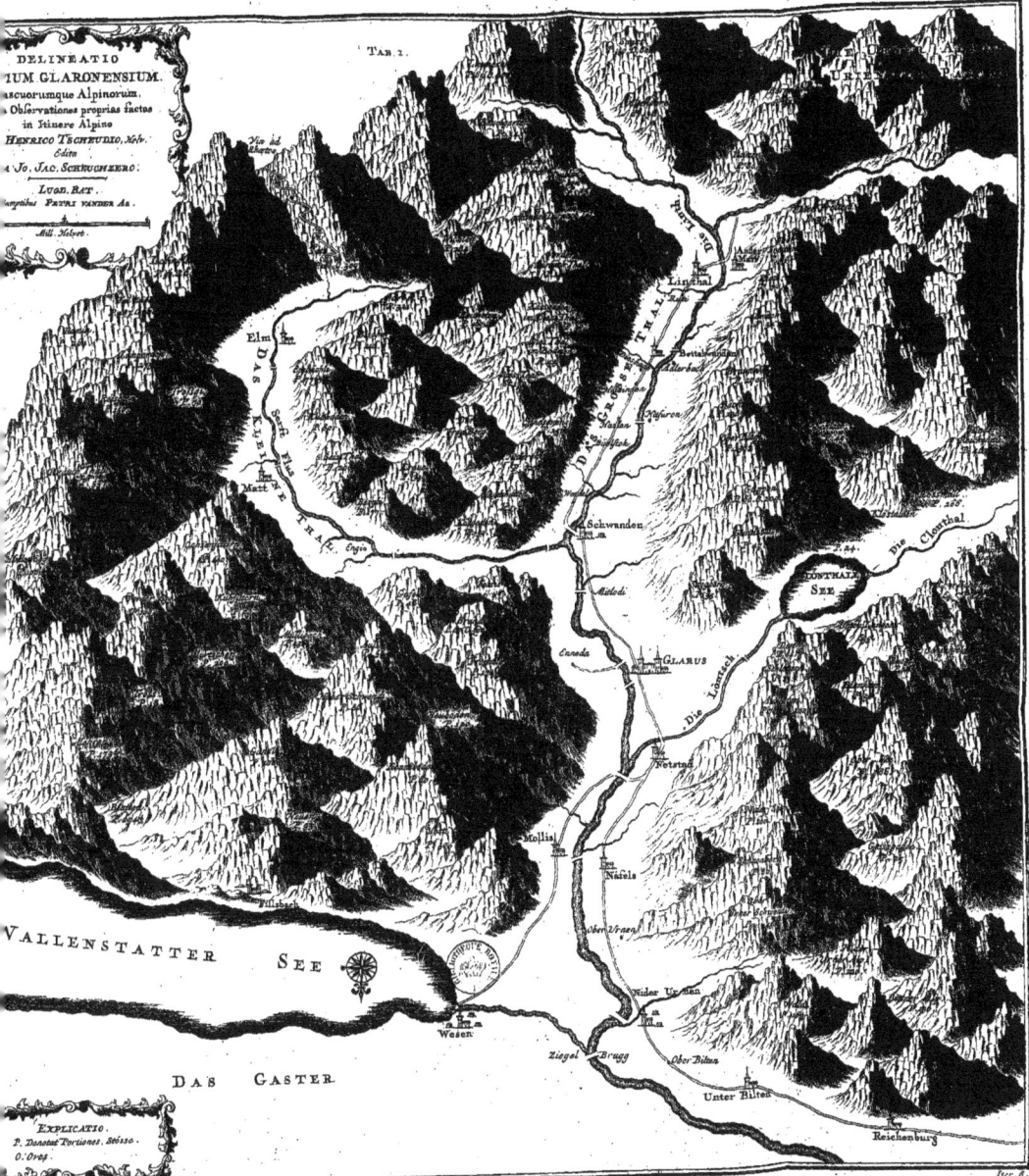

DELINEATIO
[...]UM GLARONENSIUM.
[...]ascuorumque Alpinorum.
[...] Observationes proprias factas
in Itinere Alpino
HENRICO TSCHUDIO, Helv.
Edita
à JO. JAC. SCHEUCHZERO:
LUGD. BAT.
[...]mptibus PETRI VANDER AA.

Mill. Helvet.

Via ad
Theatr.

Elm

DAS KLEINTHAL

DAS KLEIN THAL

Martinstobel

Engis

DAS GROSS THAL

Pantenbruk

Linthal

Bettschwanden
Dornhaus

Ruhmisen

Rüfurca

Vaston
Betschetzk

Schwanden
Enni

Mitlodi

Ennoda

GLARUS

Die Linthell

Die Closthal

KLÖNTHAL
SEE

Netstall

Mollis

Nafels
Ober

Ober Urnen

Nider Urnen

Die Linth

VALLENSTATTER SEE

Wesen

Ziegel Brugg

Ober Bilten

Unter Bilten

Reichenburg

DAS GASTER

EXPLICATIO.
P. Dasotat Portiones Helviso.
O. Oros.

Pag. 8.

tis, ut vocant, *von denen Geschwornen Freyberg Schützen*, qui aliquot annis pòst infelici casu in Montis præcipitio periit, fato Venatoribus Rupicaprarum ordinario.

Bono igitur manè progressi per Pagum *Mitlöde* ½. h. vicum Suandam ½. h. in confluxu *Sernftæ* & *Linthæ* situm conscendimus *Montem Liberum*, juxta rivum vel torrentem *Niderenbach*, per pascua & Juga alpina *Neüen-Hütten*, *Nideren*, *Ennen Sewen gen Aueren*, ubi Experimentum primum fecimus Barometricum mox recensendum ; *beym Attlibütte*, *Ratzmatt*, ubi noctem transegimus pro paupertate loci, frigiditate aëris, & Fœni ipsius, quod lecti vice nobis fuit, penuria satis incommodam, *Oberen*, *auf der* Matten, *auf Scherff*, *Blattenstock*, ubi utrobique Experimenta repetiimus. Postero autem die, qui fuit 12. descendimus per præcipitia varia petrarum fauces angustas, & ambages non necessarias, deficiente Hodego viarum gnaro *Elmam*, ubi devenimus benè lassi horâ 2. p. m.   Eodem autem adhuc die *Elmâ Mattam*, 1. h. hinc *Suandam* 1. h. *Suandâ* rursus Glaronam, pòst exantlatos multi sudoris labores, ubi pernoctavimus.

Die 11. Sept. cœlo sereno, in pascuo alpino *Ennen Sewen gen Aueren*, *Montis Liberi* h. 1. p. m. Tubo amplioris Diametri,

Altitudo Barometri totius 23. 10. bis, profunditas Mercurii in vase erat 1. dig. ubi quoque in posterum,

Aër in Tubo relictus.	Altitudo Merc.		Spatia Aëris extensi.	
3	18.	7	13.	6.
6	15.	7½	16.	4.
9	13.	3	18.	7.
12	11.	1½	20.	9.
15	9.	0	22.	9.
18	6.	11	25.	0.
21	4.	11	26.	10.
24	3.	0	28.	10.
27	1.	4	30.	5.
30		2.	31.	8.

Die

Die 12. Sept. h. 7. a. m. Cœlo fereno, fed vaporibus gravido (vefperi enim larga eft lapfa pluvia) *auf Scherff*, Jugo editiore Montis Liberi,

Barometri altitudo 21. 8. vacui 10. 3.

Aër in Tubo relictus.	Altitudo Merc.		Spatia Aëris expanfi.	
3	17.	6.	14.	6.
6	14.	7.	17.	3.
9	12.	6.	19.	6.
12	10.	5.	21.	6.
15	8.	5.	23.	6.
18	6.	5.	25.	3.
21	4.	7.	27.	1.
24	2.	9$\frac{1}{2}$.	29.	$\frac{1}{2}$.
27	1.	4.	30.	6.
30		2.	31.	8.

In Monte Libero fuprà Pafcuum, ubi pernoctavimus, globofum ferè offendi *Achatem* Pulcherrimum Coloris carnei, qui ferè ad *Chalcedonium* accedit, & alium coloris ruberrimi.

Die 12. Sept. h. 9. a. m. *auf dem Blattftock, Montis Liberi*,

Barometri totius altitudo 21. 6.

Aër in Tubo relictus.	Altitudo Merc.		Spatia Aëris extenfi.	
3	17.	2$\frac{1}{2}$.	14.	6 bis.
6	14.	5.	17.	3.
9	12.	4.	19.	6.
12	10.	4$\frac{1}{2}$.	21.	5.
15	8.	7.	23.	4$\frac{1}{2}$.
18	6.	7.	25.	3.
21	4.	8.	27.	3.
24	2.	9.	29.	0.
27	1.	3.	30.	5.
30		3.	31.	6.

Pagus Elm. In Pago *Elm* vallis minoris, h. 3. p. m. fuit Barometri altitudo 24. 10.

Tiguri in meo Mufæo fuit d. 11. h. 9. a. Barometri altitudo 26. 7$\frac{1}{4}$. & h. 4. p. 26. 7$\frac{1}{4}$. fumamus 26. 7$\frac{1}{4}$.

Re-

Refpondet itaque pro altitudine locorum fupra Mare in Tabulis

	Mariott.	Caffini.
Tiguri	1066.	1132.
In Ennen Sewen	3415.	4278.
Auf Scherff	5437.	7484.
Blattenftock	5600.	7761.
Elmæ	2544.	3021.

Fuimus ita Tiguro elevatiores

	Mariott.	Caffin.
In Ennen Sewen	2341.	3146.
Auf Scherff	4371.	6352.
Blattenftock	4534.	6629.
Elmæ	1478.	1889.

Libertati abfolutæ, quâ Glaronenfis Canto gaudet & alii Helvetiæ, & independentiæ ab omni aliena jurifdictione nil præjudicant 16. fl. folvendi quotannis Abbatiffæ Sekingenfi in monumentum liberationis à decimis, quam obtinuerunt Glaronenfes A°. 1395.

Modus Regiminis eft purè Democraticus.

Diftinguitur tota hæc Regio in 15. partes, quas *Tagwen* Tagwen. vocant, funtque hæ:

1. *Glarus.*
2. *Elm.*
3. *Matt und Engi.*
4. *Enet Lind und Ruthi.*
5. *Lindthal.*
6. *Bettfchwanden, Diefsbach, Hätzigen und Haslen.*
7. *Nitfuhren.*
8. *Schwanden.*
9. *Soohl und Mitlödi.*
10. *Enneda.*
11. *Netftal.*
12. *Mullis.*
13. *Näfels.*
14. *Ober und Nider Urnen.*
15. *Bilten und Kerentzen.*

Sin-

Singulæ harum partium suis gaudent pascuis publicis, syl-
vis. Singulæ 4. dant Senatores, Glaronâ exceptâ, quæ 6.
utriusque Religionis confert. Emoriente uno reficitur locus à
Provincia sua votis publicis vel forte, ut constet Senatus totius Regionis, *der gantze gemeine Lauds Rath* 62. viris, non
inclusis Præsidibus Reipublicæ, & Officialibus. Præsides
hi sunt Landammannus & Proconsul Reipublicæ, *Land
Amman und Lands Statthalter*, qui alternatim dignitatibus his funguntur, Reformati quidem per triennium, Pontificii per biennium. Interim verò dum ab una Religione quis
est Ammannus, adsit ei necesse ab altera Proconsul sive Pro-
landammannus. Illi competit convocatio Senatorum commu-
nium, *der gemeinen Räthen*, huic specialium, *der besonde-
ren*, suæ nempe Religionis: sed quoque Præsidium in Senatu, quem convocarunt, id quod vocant, *den Stab führen*.
Deputantur hi Præsides ad Comitia, vel Conferentias, ut
communiter nuncupantur, alias publicas, & singuli quidem mit-
tuntur ad Conventus speciales Cantonum aliorum suæ Religionis, ut ex. gr. Reformatus Aroviam, Pontificius Lucernam,
Suitiam. In manibus Ammanni est sigillum Reipublicæ cum
potestate eo utendi ad confirmanda decreta: absente eo sigil-
lat Pro-Consul, sed hoc quoque absente cum priori traditur
sigillum in manus Landammanni suæ Religionis emeriti.

Convocantur Senatores pro ratione Negotiorum Occurren-
tium, communiter verò diebus Lunæ, & Jovis, & quidem
vi juramenti, vel sub certâ mulctâ, in rebus gravioris momenti convocatur duplex, triplexve Senatus Reipublicæ, quo se-
cum sumunt Senatores singuli duos tresve à sua Provincia sibi
in consilium & consortium datos.

Senatui quoque adrogantur præter *Landammannos* emeri-
tos officiales Reip. alii, quales sunt Vexillifer, Capitaneus ge-
neralis, Thesaurarius, Signifer, Præfectus Armamentarii,
*der Pannerherr, Lands Hauptman, Lands Sekelmeister,
Lànds Fendrich, Zeugherr*, &c. Habent & Reformati &
Pontificii singuli suum Thesaurarium, & officiales alios, quibus patet æque ac judicibus aliis accessus ad Consilia suæ religionis: patet quoque honoris causâ Colonellis & Capitaneis,
qui castra aliena sequuntur.   Quæ-

Quævis Religio sua habet peculiaria judicia : *In Judicio quinque, Fünffer Gericht,* deciduntur lites, quæ bona attinent mobilia vel immobilia. Præsidium est penes Apparitorem Reip. *Landt Weibel,* qui certâ a 7. partibus controversis depositâ summâ, *ein Diken Pfenning,* Judices suos convocare tenetur. *Judicium Novem, das Neüner Gericht,* ubi Ammannus vel Proconsul, arbiter est primus, *Obmann.* Eo pertinent lites propter Manupretia, prætensiones propter expeditiones factas in alias Terras, Militiæ ergò, Pensiones, Calumnias, convicia : Coronatis 4. depositis convocari debent Judices. Quod si personæ litigantes sint diversæ Religionis, formatur tunc judicium compositum ex æquali numero Judicum utriusque Religionis, ex Quinque Viris seu Novem Viris, ita, ut Arbiter sit ejus Religionis, cujus est pars læsa, vel accusata.

Habent Reformati peculiare suum Consistorium Matrimoniale, *Chor oder Ehe Gericht,* quod constat 2. Ministris Verbi Divini, & 7. Politicis. Præses est Ammannus vel Proconsul. Eliguntur judices de quinque vel novem in Comitiis totius Reip. *auf jährlicher Landsgemeind,* Consistorii verò matrimonialis Assessores à Senatu. Judicant hi omnes sine appellatione, aliquando sub titulo revisionis coram Senatu additur sententiæ latæ moderatio quædam, vel dilucidatio.

Convocantur quotannis duo Comitia Ordinaria, *ordinari Comitia, Landsgemeinden,* singula suæ religionis, & commune a tota Republica : comparere autem tenetur quivis, qui 16. annos habet, vel transgressus est, armatus gladio : prima convocantur die solis ultimo in Aprili, à Pontificiis quidem inter Pagos Netstal & Näfels, à Reformatis Suandæ, ubi initium fit à concione. Hâc finitâ, & Ceremoniali præmisso, in consultationem veniunt res propositæ, & conferuntur officia : sequenti quidem modo. Sorti exponuntur 8. (pro Landammanni & Proconsulis dignitate duntaxat 3.) duo ex suprema, 4. ex media & 2. ex ima Regione (extendit autem se summa Regio à fine utriusque Vallis Majoris & Minoris, ad usque Suandam, media Suanda Glaronam, infimam constituunt reliqui Pagi) Proponuntur ex quavis parte viri certi ad dignitatem, sorti autem traduntur ii duntaxat, qui majora habent vota Elevatarum

Zzz

tarum manuum: tandem admittuntur omnes 8, intra coronam
virorum mediam, eo autem ordine, quo forti fuere infcripti,
recipit quilibet urnam vel fcatulam nigram (adfunt enim æ-
quales 8. cum inclufis 7. globis argenteis , & deaurato uno)
qui deauratum obtinuit, is fimul cum eo obtinet dignitatem,
& fine morâ juramento adftringitur.

Comitia Glaronenfibus utriufque Religionis communia ce-
lebrantur primo quolibet die Solis, qui eft in Majo menfe;
tunc autem prælectione factâ ex Codice Reip. fundamentali,
aus dem Landbuch, juramento uniuntur tum Præfides, tum
Populus, *fie fchweeren den Land-eid.*

Præter ordinaria hæc Comitia convocatur aliis quoque temporibus fupremus Magiftratus, populus, ficubi occurrunt res
gravis momenti.

Leges.   Sicuti nulla Refpublica fubfiftere poteft fine legibus, ita nec
Democratica: adftringit fefe hæc ipfa ad obfervantiam fupra
fidem ftrictam Legum faluberrimarum, quas fibi pro confervatione fua præfcribit.

Litigantibus inter fe duobus eò ufque, ut defcendant à verbis ad verbera, adftantes quilibet fub juramenti fide tenentur
illos feparare, & ad quietem difponere.

Qui alium conviciis laceffit, is obftringitur ad reftitutionem
honoris coram judicio Novem virorum , vel etiam perfonis
privatis, fi fcil. exprobrationis nòn adfit jufta caufa. Qui à
debitore fuo fruftra follicitavit folutionem, ei permiffum eft,
ex debitoris bonis æftimare, quod folvendo debito & tertiæ
parti pro fumtibus fufficit, *er mag ihn durch die Schätzer
fchätzen laffen:* quod fi e. g. debitum fit 2. florenorum, feligi
debent bona pro tribus.

Spurius ubi nafcitur, ad Matrem fefe conferunt cum Sena-
tore quodam Apparitor & Scriba, illi prælegunt Juramenti
formulam, & obftringunt feriâ admonitione, ut infante ad
lævam mammam appreffo veri Patris nomen indicet.

Laudabile eft Glaronenfis Reipublicæ Sancitum circa lufus
omnis generis, quibus quis lucrari quidpiam poteft, vel per-
dere, ut Tefferæ, Chartarum, *wàs den Pfenning gewinnt oder
verliert,* excepta bombardæ explofione ad fcopum, qua pro
con-

conſtituto pretio ſeſe exercere ipſis eſt licitum : hocce autem modo Politico exercitatiſſimos per totam Regionem faciunt viros in arte explodendi, id quod his monticolis magno eſt belli temporibus commodo contra aggreſſores quoſvis.

Paſcua pleraque alpina, quæ in Monte libero pertranſivimus, ſunt Familiæ *Blumerianæ*, continentque plures quàm 200. *Stöſs:* eſt autem *ein Stoſs*, portio quædam paſcui alpini, quæ ſufficit per æſtatem nutriendæ uni vaccæ, vel ¼. Equi adultioris, vel dimidio Equo anniculo : vel binis bobus junioribus (*ein Halb Rind oder Mäſsrind iſt ein halber Stoſs*) vel vitulis 4. vel 7. Capris vel Ovibus 7. Qui in alpes ſuas utut proprias plura pecora ducunt, quam convenit numero *der Stoſſen* (qui Codici Reip. *dem Land Rodel*, eſt inſertus) is vocatur *Vberſtöſſer*, & pecunia mulĉtatur, ſitque propter abuſus plures introductos hoc ipſo tempore, quo Iter noſtrum conſecimus, inquiſitio nova & exacta in delinquentes, quæ inprimis uſui venit pauperibus, qui unam vel duas, quas poſſident, vaccas in paſcua alpina per æſtatem certo conducto pretio educunt: nam ſi pecorum major, quam decet, numerus educatur in paſcua, redeunt tantò macriores, quoniam pabulum omnibus non ſuffecit. Inquiſitores ſunt 4. *Alpleider*, vel *Zehler*, qui ſub Juramenti fide & numerant, & à ſingulis paſcuorum Alpinorum proprietariis, horumve Paſtoribus ſeu ſennis petunt delationem ſui pecoris. *Der erſt Vberſtoſs koſtet ein Kronen, der ander zwo, der dritte wird über haupt geſtrafft*, pœnâ arbitrariâ.

Extendit ſe Glaronenſium utriuſque Religionis Numerus ad 3400. viros; excedunt tamen præ Pontificiis longè Reformati. *Gloronenſium Numerus.*

Dominio Glaronenſium Reformatorum ſubeſt Comitatus *Dominium* *Werdenbergicus* cum Dominio *Wartovienſi;* Pontificiis junĉtim cum Suitenſibus, Dominium Uznacenſe cum *Caſtris Rhæticis* & Dominium *Gamſenſe*: utriſque verò junĉtim cum aliis Helvetiæ Cantonibus Comitatus *Turgòviæ*, *Badenſis*, *Liberæ Provinciæ*, *Comitatus Sarunetenſis*, & *Vallis Rheguſca*: trans Alpes verò *Præfecturæ Luganenſis*, *Locarnenſis*, *Mendriſiana*, & *Madia*.

Qui ab his Præfecturis veniunt reditus annui, inferuntur

the-

thefauro Reip. multum inprimis confert Comitatus *Werden-*
bergicus, à *Gamfenfibus* quotannis veniunt 126. fl. imponi-
tur etiam vectigal fingulis vaccis, capris, ovibus, aliifve pe-
coribus, quæ extra Regionem aliorfum ducuntur. Vectigal
ad pontem lateritium, *Ziegelbruck*, quotannis dat 150. fl.
quod redundat ex mulctis. &c. id pro delictorum ratione &
annorum fertilitate, variat. Penfio annua fl. 6000. quotannis
à Galliarum Rege folvenda, difpartitur inter populum.

Gloronen-
fium Ratio Rationem Status quod attinet, attendendum Glaronenfibus
Status. eft primò ad diverfitatem Religionis & animorum inter fe,
quapropter inter alias leges fundamentales commendant fibi
abftinentiam à conviciis, probris, & litium promptam juxta
ftatuta decifionem. Dehinc vicinos fibi habent Rhætos, U-
rios, Suitenfes, Provinciam ad Fines, Caftra Rhætica cum
Sarunetibus.

In primario Glaronæ vico, oppidi æmulo, vifundæ funt
SS. Martyrum Felicis & Regulæ veftigia à digitis, ut perhi-
bent, Saxo impreffa, quam Fabulam excuffi T. III. *Schweit-*
zer Natur Gefch.

Ægagropilas non in omnibus alpium jugis effe obvias, alibi
quoque indicavi: Pilas has imprimis in Monte Libero ferunt
Rupicapræ, *in der hinteren Sultz in Locherftock & Vorfteg-*
ftock.

Conftans eft ut jucundorum ita triftium & incommodorum
memoriâ: funt ædiculæ, ubi pernoctavimus, vel potiùs cafu-
læ alpinæ, depreffæ valdè, vix 10. pedes à radice ad tecti fa-
ftigium altæ, ut Labinæ ex alto devolutæ illis fint innoxiæ,
das die Laüinen über die hütten hinüber fchieffen. Cœterum
uti aliæ Cafæ alpinæ illuftres, *Durchleüchtig*, vento ubique
perflatiles: Dormitorio noftro immediatè fuberat ftabulum
fuum.

D. 13. Sept. Glaronâ difceffimus per Pagos *Netftal* ⅓. h.
Mollis 1. h. *Wefen* 1. h. cœlo pluviofo, montibus à nubibus
undique circumvallatis.

Innexum eft hoc oppidum Lacui Rivario ad occidentem adfitum, pro tranfitu perneceffarium, Præfecturæ Caftrorum
Rhæticorum, fuis tamen fpecialibus gaudet privilegiis.

Vefe-

Vefenæ h. 12. die 13. Septembris fuccefsus hic fuit Experi- *Vefena.*
menti Barometrici.

Aër in Tubo relictus.	Altitudo Merc.		Aër expan- fus.	
3	19.	11	12.	1.
6	16.	8	15.	3.
9	14.	3	17.	8.
12	11.	11	20.	0.
15	9.	8	22.	3.
18	7.	6	24.	5.
21	5.	3	26.	8.
24	3.	3	28.	8.
27	1.	6	30.	5.
30		3	31.	8.

Barometri altitudo 26. 7½.

Tiguri fuit in meo Mufeo 26. 6¾. ante & 26. 6¾. poft meridiem, juxta quem calculum foret Vefena profundior Tiguro, quod tamen non eft, ut proin differentia quærenda fit in
Tubis.

Vefenâ intendebamus priùs viam noftram in Toggium pro-
fequi per Montes pago *auf Ammon* infitos, fed abfterrebat
temporis pluviofi incommodum, & viæ pro Equis tum angu-
ftæ, tum lubricæ, tum præcipitis periculum.

Selegimus ita *Lacum Rivarium, den Wällenftatter See*,
cujus fitum & alia notatu digna de ventis periodicis eum perflantibus &c. delineavi T. I. *Scheitzer Nat. Gefch.* p. 26. tanto autem citius, quoniam ventus fpirabat fecundus, cujus be- *Valenfta-*
neficio transvecti *Valenftadium* fuimus fpatio ¼. hor. quod alias.*dium.*
menfuratur 4. horis.

Haud procul à Portu Valenftadienfi vidimus officinam fer-
rariam fabricandis clavis deftinatam, ubi commodo artificio
follis vicem præbet ad ignem fufcitandum aqua per Tubum ligneum delabens, Aërem in Tubo tranfverfim jacente pellens
ad Focum.

Valenftadio hac vefperâ ulterius progreffi juxta Pagum
Tfcherlach radicibus Montium adfitum, quem liquimus ad finiftram ¼. h. per *Berfchis*, qui ½. hora ab oppido diftat. Noctem

autem

autem tranfegimus in ædibus Nob. Dⁿ. Landammanni *Goodii* in Pago *Flums*, ad *Flumina*, qui horæ fpatio abeft ab oppido *Wallenſtatt.*

Inter Oppidum & *Flums* locis uliginofis, *auf den riedteren* funt paffim *aquæ fulphureæ.*

In Pago hoc *Flums* fundunt Dⁿ. *Goodii*, à quibus multa humanitatis haud vulgatæ recepimus teftimonia, chalybem ita, ut ex prima venæ fufione ad Lacum Rivarium Murgæ peractâ, quæ *Roh Eiſen* vocatur, alterâ vice fundant *Miggelen* q. d. miculas, & tertiâ fufione prodeant *Maſſelen*, i. e. *maſſulæ*, in forma Prifmatum Tetragonorum, quorum Diameter in circa eft dimidii digiti. In his Prifmatibus chalybeis confpicitur fæpe macula rotunda nigricans, *Roſa, die Roſe*, ab operariis dicta: hanc autem Chalybem præ alia feligunt quidam Fabri.

D. 14. Sept. Comite humaniffimo noftro hofpite Dⁿ. Landammanno *Goodio* profecti ad Fodinas per *Halbmeil* ½. h. *Gurtnatſch* ¼. h. *Heiligen Kreutz* ¼. h. *Sargans* ¼. ad fodinas ipfas, ad quas bihorii ferè eft afcenfus ex oppido Sarunetum. Trecentorum ferè paſſuum ingreſſus eft per cuniculos è faxo excavatos ad interiora fodinæ: ubi binis locis nunc effoditur vena, uno in loco *vena rubra, roth Ertz*, cui fuperincumbit *nigra, ſchwartz Ertz*, illa pedum 1½. hæc 2. vel plurium: altero in loco rurfus in imo *vena rubra* ped. 1½. & fupra eam *meli*, pedd. circiter 4, nam ex trium harum venarum, *Roth, Schwartz, Meli* commixtione paratur Chalybs. Inclinatio Strati eft ab Oriente ad Occidentem. Vena ipfa in fodinis cogitur igne, quem ferâ vefperâ accendunt foſſores.

Supra Fodinæ oftium in Petra eft elegans *Selenites Romboidalis*, Plinii meusque *Androdamas*: de quo *Dialogum* fcripfi inter C. *Plinium* & Cl. *Salmafium*, qui reperiundus eft in *Bibliotheque Choiſie* Tom. XVII. p. 192. & *Meteorolog. Helvet.* p. 139. Initio ferè fodinæ ftillat *Aqua* frigidiffima & faluberrima, magno fitientibus foſſoribus folatio & commodo: non enim quidquam inde fentiunt moleftiæ, quantumcunque inde bibant.

In intima fodina experturus Aëris fubterranei Qualitatem, 300. circiter paffibus ab oftio inftitui Experimenta Barometrica, coelo foris exiftente fereno.

Baro-

Barometri altitudo erat 24. 4. & 24. 3.

Aër in Tubo relictus.	Altitudo Merc.		Aër expansus.	
3	18.	9.	13.	1.
6	15.	9.	16.	1.
9	13.	5.	18.	5.
12	11.	3.	20.	7.
15	9.	1.	22.	9.
18	7.	0.	24.	10.
21	4.	11.	27.	0.
24	3.	0.	28.	10.
27	1.	4.	30.	6.
30		3.	31.	6.

Extra venam fub dio eandem altitudinem obfervavi Mercurii in Barometro integro, item in 3. & 9. digitis Aëris in Tubo relicti. Plura ob temporis brevitatem experiri non licuit, neque etiam necefse judicavi propter conformitatem trium cafuum. Sed filentio praeteriri non debet, Aërem in intima Fodina, ubi Experimenta feci, fuiffe ob ignem praeterito die accenfum rarefactum, & locum veluti calefactum.

In Oppido *Sargans* fuit h. 3. p. m. Altitudo Barometri 26. 5. *Oppidum* Spatii vacui 5. 5. *Tiguri* 26. 8. *Sargans.*

Refpondent pro altitudine fupra Horizontem Maris in Tabulis

	Mariott.	Caffin.
Tigurum	1034.	1096.
Sarganfium	1234.	1330.
Fodinae Chalybis	2975.	3630.
	3048.	3735.

Ut juxta hunc Calculum altiores forent Tiguro

Fodinae	1941.	2534.
	2014.	2639.
Sargans.	200.	234.

Hujus diei vefperâ iter noftrum profecuti venimus *Warto-* *Wartovia.* *viam, Wartau,* Pagum infertum fatis cognitum, Praefecturae *Sarunetum* occafione motuum, qui ante annos aliquot fermè

mè

mè in apertum inter Reformatos & Pontificios Cantones
eruperunt bellum. Diſtat Wartoviâ ab oppido Sargans 1. h.

D. 15. Sept. Mons, qui Venæ Chalybis Sarunetanæ eſt im-
poſitus, vocatur *Belfris;* paſcua ejus ad Wartovienſem Parochiam pertinent. Nomen hoc eſt antiquum Rhæticum, cujus generis plura adhuc in his Regionibus reperiuntur, ut in
Comitatu Werdenbergico, Dominio Gamſenſi, Præfectura
Saxenſi, Valle Rheguſca, e. g. *Prada Strada,* i. q. *Pra-*
tum, Stratum, locus in diſtrictu Wartovienſi, *zu prend eſ-*
ſen, prandere, ruppen, q.d. rupes, montis, qui Palæopoli imminet, ſummum ferè jugum, &c.

Wartoviâ hodie digreſſi iter continuavimus per pagos *Se-*
velen h. 1. *Räfis '. Buchs. Werdenberg* h. 1. *Grabs* ¼.
Gams ½. *Sax* ⅓. *Frümſen* ½. *Forſteck* ½. ubi Baronum de Sax

Forſteck.

antiqua, nunc Præfecti Tigurini eſt ſedes. Nunc Præfecturâ
fruitur Dⁿ. Wolphius, qui multa nos excepit humanitate. Eſt
hæc arx undique ſylva cincta, eminenti ſitu locata, & contra
primos hoſtium inſultus muris & Vallo cincta, inſuper Arma-
mentario inſtructa, in quo adhuc viſitur Baronis cujuſdam de
Sax Armaturâ Ferreâ cum Lancea, qua uſus fuit in decurſo-
riis. Vidi quoque baculum magicum è ferro bicornem.

Dimidiâ horâ ab Arce profluit ex Rupe rivus, de quo per-
hibent, trahere eum originem ſuam ex Lacû Alpino *Diſſen-*
tiſſer See, in Paſcuis Abbatiſcellani montis Gamor con-
ſpicuo.

In ſylva propè *Forſteck* eſt *aqua ſulphurea,* & alia prope
pagum *Sax.*

Memoratu eſt dignum, & Præfecto loci inprimis pro Oe-
conomia ſcitu neceſſarium, pecora, quæ in ſylva Arcis & pratis vicinis educantur, in pagis vicinis benè vivere, & pingue-
fieri: alia è contra, quæ aliunde ex viciniſſimis Pagis Sax &
Sennwald in Præfecti terras advehuntur, brevi emori. Rationem pertendunt ex Ruſticis loci quidam, quod Præfecti pecora in ſylva multa veſcantur Fragaria, quæ ipſa reddat ſalu-
briora, ut alibi quoque vitam ſervare queant; alii, quod quæ
in paludôſis primum nutrita ſint locis, poſtea in ſylvis non
facilè vitam ſanam protrahere poſſint.

Po-

Le château de FORSTECK, en Suisse.

Posteaquam prandium in Arce sumsimus, Iter prosecuti per *Sennwald* ½. h. ubi Baronatus prima olim fuit Parochia: *In der Lientz* ¼. h. *Rüti* ¼. (qui primus Vallis Rheguscæ pagus Pontificiæ Religionis) *Hirtzen Sprung* ½. ubi transeundum per fauces rupium angustas: *Kobelwald* ¼. *Kopelwies* ¼. Oppidum *Altstetten* ½.

In templo pagi *Sennwald* deposita sunt Baronum de Sax veterum corpora. Monumentum sequens parieti Muri inscriptum legitur Authore Dⁿ. *Eckensteinero* Pastore loci.   *Pagus Sennwald.*

Numina dextra colens lustras si forte viator,
Quas tegat exuvias pyramis ista lege.
Huc sibi delectus socios Heroes ab Alto
Saxo Mars Pallas composuere suos.
Ulrichum Belli Pestem fulminemque Philippum, 1594.
Qui Pedemontana clade Trophæa tulit 1564.
Atque Reformata Duce Christo Religione 1585.
Romani cultus monstra perosus obit.
Johannemque manu promptum, ingenioque Philippum 1577.
Belgarum ductor qui duo lustra fuit 1575.
Electoralis quoque Consiliarius Eheu 1596.
Desecet in cauto tempora pulchra nepos.
Cuncta madent Lachrymis, nihil illis triste receptis.
Mitia fata tibi culte viator erant.

    B. E. T. P. 1599.

Palæopoli pernoctavimus in Ædibus Rev. Dⁿⁱ Pastoris *Fæsii*, qui præter alia humanitatis haud vulgatæ testimonia nos crastino mane comitabatur ad cacumen usque præcipitis valde & saxosi montis, usque ad Abbatiscellanorum Confinia.   *Palæopolis.*

    D. 16. Septembr. Palæopoli discessimus, & horam consumsimus ascendendo, & à cacumine montis venimus *Trogam*, qui Pagus Abbatiscellanorum Reformatorum primarius bihorio distat à Palæopoli. Hîc prandium sumsimus in Ædibus Nob. Dⁿ. *Zellwegeri* Reip. Thesaurarii, ibique Experimenta fecimus Barometrica. Hinc bihorio venimus *Sancto Gallum* per Pagum *Zum Speicher*, qui ¼. h. à Trogâ distat.   *Troga, Pagus.*

    Die 16. Sept. *Trogæ* Abbatiscellanorum cœlo nubilo, Imbribus inquietato, h. 11. Barometri altitudo 25. 1¾.

Aër

Aër relictus.	Altitudo Merc.	Aër expanfus.
3	19. 1½.	12. 9.
6	16. 2.	15. 9.
9	13. 7½.	18. 3.
12	11. 7.	20. 3.
15	9. 3.	22. 8.
18	7. 1½.	24. 8.
21	5. 1½.	26. 8.
24	3. 1½.	28. 7.
27	1. 4.	30. 1.
30	1.	31. 10.

S. Gall.

Sancto Galli vidimus Bibliothecas tum publicam Civitatis, tum Principis feu Abbatis : utrobique notabilis eft numerus MSC. In Civica quidem eminent MSS. varia tum Hiftorica, tum Theologica *Joachimi Vadiani & Schobingeri.*

In Cœnobiali Codices antiqui Biblici, Miffales, Patrum. Inter alia Vadianiana MSC. eft *Almangovia* à Dⁿ. *Chriftiano Hubero* in vita *Vadiani* memorata, quæ judice Rev. Dⁿ. Paftore *Scherero* Vadiani non eft. Adfunt præterea,

Auctore *Melchiore Mittelholtzero,* Index rerum & Geftorum, quæ 12. Tomos Epiftolarum Mifcellanearum à variis Auctoribus & inprimis Ecclefiarum Reformatoribus ab A°. 1495. ad Aᵘᵐ 1630. exaratarum 1692.

Crocodilus 17. pedum.

Vadianus & Lutherus in Anamorphofi optica. Alcorani fragmentum Mauritanico Charactere. Numus aureus cavus Gothicus, quales vulgo *Regenbogen Schüffelin* vocant.

Apis Ægyptiorum æreus.

Machina feu pluteus verfatilis pro Librorum commoda locatione & verfatione utilis: defcribitur ea in libro Capitanei *Auguftini Ramelli,* cui titulus: *Le diverfe & artificiofe Machine* &c. Parigi. 1588. f. & quidem p. 317.

Stalactitæ Tofacei fragmentum ex Pago Rorbas Tigurinæ ditionis, quod pro armo bovillo petrificato, parùm abeft, monftrant.

In

La Ville de St. GAL. en Suisse.

Le Bourg
D'HERISSAW,
en Suisse.

In Bibliotheca Principis,

Codex Pfalmorum in Cortice.

Codicillus, ubi ftylo funt ceræ infcripti characteres Romani.

Numus, cujus ab una parte ΑΡΤΕΜΙΣΙΑΣ ΒΑΣΙΛΙΣΣΑ.
Caput Reginæ : ab averfa ΜΑΥΣΟΛΕΙΟΝ Maufoleum.

Globus ingens fabricatus & donatus à *Luca Stöckle* Pharmacopæo Conftantienfi & *Sufanna Freitag* Conjuge 1595. d. 18. Oct. occafione belli Toggici translatus Tigurum, ubi ornat Bibliothecam Civicam.

Ovum Galli Gallinacei, quod depofitum dicitur 1698. d. 21. Jul. ad *D. Georgium, zu St. Jörgen.*

Novum Teftamentum Græco Latinum manu *Notkeri Balbuli* in Pergameno.

Codices MSC. funt in univerfum 1004. occafione Belli Toggici partim ab Abbate afportati, partim Bibliothecis Tigurinæ & Bernenfi inferti.

D. 17. Septembris à Meridie Sancto Gallo difceffimus *He-* _{Herifovia.} *rifoviam* petituri. In media via eft Pagus *Brucken*, horæ fpatio & à S. Gallo, & à vico Herifovia diftans. Inter Brucken & Herifoviam tranfitur Pons *Sitteræ.* Herifoviæ noctem tranfegimus.

Herifoviæ d. 17. Sept. h. 6. p. cœlo pluviofo Altitudo Barom. 24. 5¼.

Aër relictus.	Altit. Merc.	Aër expanfus.
2	19. 2.	9. 0.
5	15. 0.	12. 4.
8	13. 2.	15. 2.
26	5.	26. 11.

Tiguri fuit tunc Barometri altitudo 26. 4¼.

Refpondent in Tabulis	Mariott.	Caffin.
Pro Herifovia. Abbatifc.	2867.	3560.
Pro Tiguro	1301.	1330.
Differentia altitudinis	1566.	2230.

D. 18. Sept. Circa Meridiem, poft finitam concionem, *Herifoviâ* digreffi vidimus primum & delineavimus Arcis _{Arx Rofenburg.} Rofenburg ¼ h. diftantis rudera TAB. II. ubi latè patet in Ab- _{TAB. II.} batis

batis Provinciam veterem, *die Alte Landtſchafft*, *Toggium* inferius, & *Turgoviam* proſpectus.

Toggium. Hinc per Pontem *Schwembergenſem*, *die Schwemberger Bruck*, & pagum hujus nominis trajecimus in *Toggium*, viſuri hanc, de qua tot inde à multis annis ſermones ubique miſcentur, Regionem, imo & ſubſidio Pyxidis Magneticæ delineaturi, & Mappam ex collectaneis confecturi.

Schwarzenbach. Hac veſperâ venimus *Schwarzenbach*, ubi noctem tranſegimus; progreſſi per Pagos

Auf der Eck $\frac{1}{4}$. h.
Burgau $\frac{1}{4}$.
Oberglatt $\frac{1}{2}$.
Flaawyl $\frac{1}{4}$.
Niderglatt $\frac{1}{4}$.
Watt $\frac{1}{4}$.
Niderzuzweil $\frac{1}{4}$.
Hänau $\frac{1}{4}$.
Niderſtetten $\frac{1}{2}$.
Schwartzenbach $\frac{1}{4}$.

Lichtenſteig. D. 19. Septembr. Iter proſecuti venimus *Lucis Steigam*, *Liechtenſteig* & ultrà per Pagos

Jonſchweil $\frac{1}{2}$. h.
Lütiſpurg $\frac{1}{2}$.
Thierhag $\frac{1}{2}$.
Pittſchweil $\frac{3}{4}$.
Dietfurt $\frac{1}{2}$.
Langenſteg $\frac{1}{4}$.
Liechtenſteg $\frac{1}{2}$.
Wattweil $\frac{1}{2}$.

Cappel 1. ubi pernoctavimus in Societate Nob. Dn. *Stægeri* Medici, qui juſſu conſilii primarii Reipublicæ nos comitabatur uſque ad ſcaturigines *Thuræ*, & hinc nobiſcum Lucis Steigam redibat.

D. 20. Sept. Iter proſecuti per
Krummenau 1. h.
Sidwald Neu St. Johann. $\frac{1}{2}$.

Neſſ-

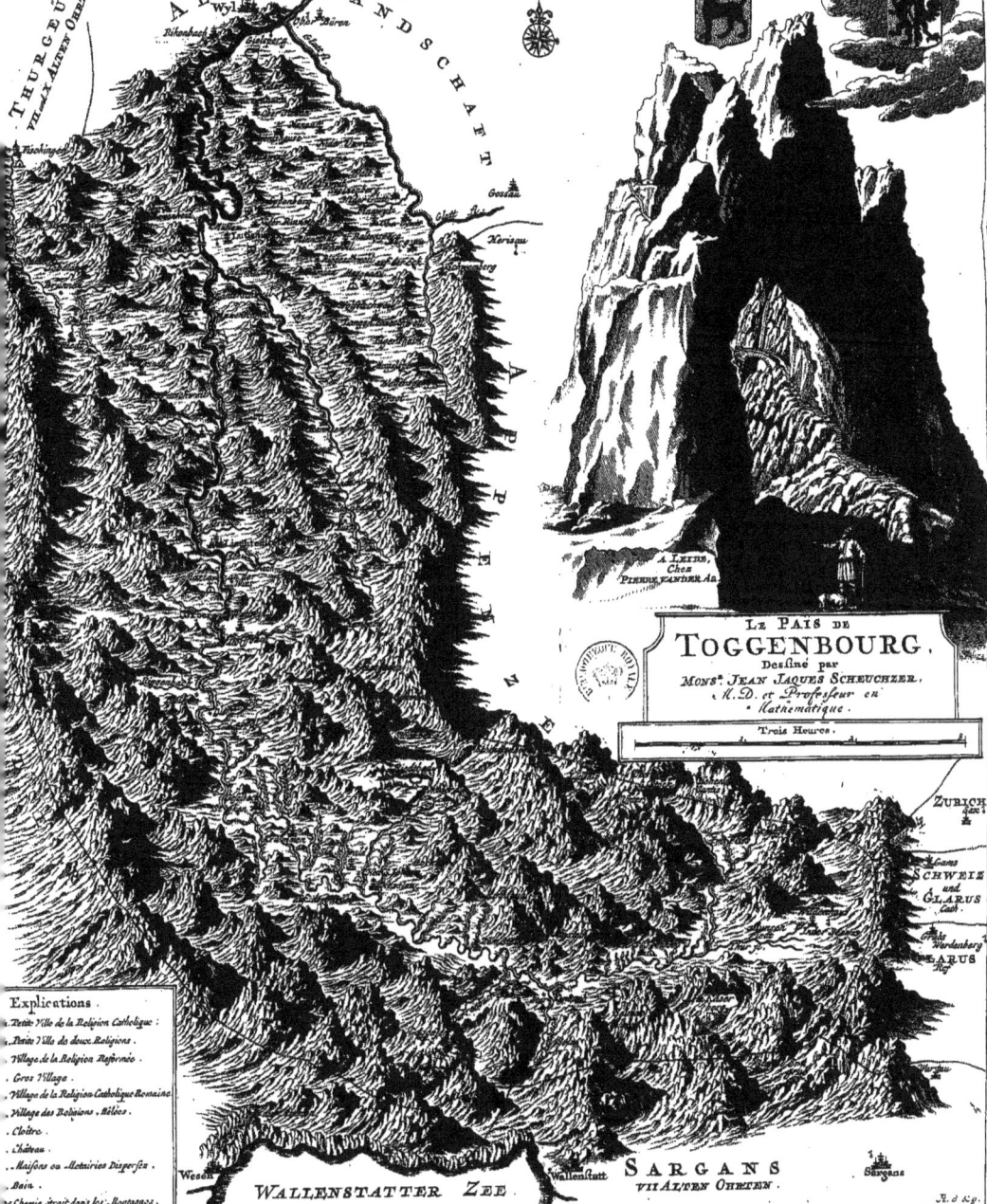

TAB. III.

NOUVEAU TOGGENBOURG.

VIEUX TOGGENBOURG.

A LEIDE,
Chez
PIERRE VANDER AA.

LE PAIS DE
TOGGENBOURG,
Dessiné par
MONS. JEAN JAQUES SCHEUCHZER,
M. D. et Professeur en
Mathematique.

Trois Heures.

THURGEÜ VII ALTEN OHRTEN

ALTE LANDSCHAFT

Wyl

Bihenbach   Oberkirch Büren

Fischingen

APPENZELL

Gossau

Herisau

ZURICH Lac.

Sans
SCHWEIZ
und
GLARUS Cath.

Freÿe Wardenberg
GLARUS
Reg.

Explications.
a. Petite Ville de la Religion Catholique.
b. Petite Ville de deux Religions.
c. Village de la Religion Reformée.
d. Gros Village.
e. Village de la Religion Catholique Romaine.
f. Village des deux Religions, Mêlées.
g. Cloître.
h. Chateau.
i. Maisons ou Metairies Dispersées.
k. Bois.
z. Chemin étroit dans les Montagnes.

Wesen

WALLENSTATTER ZEE

Wallenstatt

SARGANS
VII ALTEN OHRTEN.

Sargans

Neſſlau ½. h.

Zum Stein 1.

Starkenbach 1.

Alt S. Johann ½.

Confluxus utriuſque *Thuræ albæ*, ſcil. *der Weiſſenthur*, & eius quæ κατ' ἐξοχὴν ita dicitur.

Hinc retrò ad oppidum *Leichtenſteig* 6. h.

Im Tieffen Töbelin inter Pagos *Neſſlau* & *Stein* fuit A₀. 1621. Sclopeti ictu interfectus *Joh. Ledergerwer* officialis Abbatis, qui ſeſe rigoroſâ tractatione Toggiorum reddidit exoſum. Monumentum ſequens ei erectum.

```
|  ANNO  |
   1621. d. 9. Tag NOVEMBRIS ZW
IS HEN 9. UND 10. UHR DES TAGS IST
HAVPTMAN HANS LEDERGERW
MORDERISCHER WEIS ERSCHOSSEN
    WORDEN.
    DER SEEL,
    GOT GNAD.
```

D. 21. Sept. Porrò per

Langenſteg ½.

Dietfurt ¼.

Pittſchweil ½.

Moſnang ½.

Friedlingen ¼.

In Treyen ¼.

Bunnen ¼.

Tobelaker ½.

Fiſchingen 1. Turgoviam, ubi pernoctavimus.

Abbas Monaſterii nunc eſt *Franciſcus Troger von Uri.* 1687.

Prædeceſſor fuit *Joachimus Seiler*, origine Wylenſis, ſcriptis multis ſacris in lucem editis celebris. Eorum Catalogum collegi & collectaneis meis inſerui.

Kyburgum. D. 22. Sept. pervenimus Kyburgum, ubi noctem tranſegimus, humaniſſimè excepti & opipare tractati à viro Literis, Proſapiâ, conſiliis & actionibus Illo Dno *Joh. Rudolpho Eſchero*, Comitatui nunc Præfecto digniſſimo.

Die 23. Sept. Per Pagos.

Ettenhauſen ¼. h.

Billikon ½.

Graffſtall ½.

Tagelſckwang ¼.

Dietlekon 1.

Rieden ¼.

Walliſſellen ½.

Schwamendingen ¼.

Tigurum 1.

Tiguri ſani per DEI Gratiam & incolumes rurſus appulimus.

Iter hocce quoniam ſuſcepimus Toggici Comitatus gratiâ, & Experimentorum Barometricorum, haud abs ſe erit, brevem ſubjungere Toggii Statum præſentem.

TOG-

KYBVRG, en Suisse.

TOGGICI COMITATUS
DESCRIPTIO.

Magni in Helvetia momenti est *Toggium, Comitatus Tog-* TAB. III.
gicus, die Graffschaft Toggenburg, sive Populum spe-
ctes, ejusve numerum, qui Regionem hanc inhabitat, sive
Qualitatem Soli, seu Dispositionem Territorii, sive denique
Vicinos Populos.

Ad Septentrionem nempe siti sunt utriusque Religionis *Ab-* *Toggiorum Vicini, Ab-*
batiscellani, qui junctim decimum tertium constituunt Can- *batiscellani,*
tonem: Pontificii quidem *Extra Rodani, Usser Roden,* di-
cti a summo Toggio, ubi id Baronatui Saxensi est confine,
ad mediam circiter Provinciam superiorem Toggii, jugis al-
tissimis, & fere insuperabilibus disterminantur à Toggiis. Reformati verò *Intra Rodani, Inner Roden* dicti, indè à confiniis Extra Rodanorum usque ad limites Provinciæ Sancto
Gallensis veteris, per juga paulò mitiora, sed tamen difficulter
superabilia, & Glattæ Fluvii partem disjunguntur. Ad hos
Reformatos nempe Abbatiscellanos transitus patent. 1. Ex
Pago *Dägersheim* per pontem *Schwembergensem, Schwem-*
berger Bruck, Schwembergam ipsam & *Herisoviam.* 2. Per
Pagum *Petrocellam,* & *Diken* ad Pagum *Schwelbrunn.*
3. Per *Petrocellam Hemberg* ad vicum *Urnäsch,* & hinc demum *Abbatiscellam, Appenzell,* qui Pontificiorum est primarius.

Tigurini ab *ortu* & *occasu* Toggiis sunt contermini: ab oc- *Tigurini,*
casu cum notabili ditionis Tigurinæ parte, speciatim verò *Præfectura*
Præfectura Groningana. Transeunt autem limitaneæ lineæ *Groninga-*
per juga *Hörndli,* ubi 4. Jurisdictiones in uno Lapide *na,*
coëunt, Tigurino Groningana, Tigurino Kyburgensis, Tur-
goia, & Toggica; porrò *S. Gallenbrunn, Hulsteck, Schne-*
belhorn. Suntque limites hi inter *Turgoviam* & *Utznacenses*
medii. Ab ortu angulo valde acuto Toggio jungitur *Barona-* *Baronatus*
tus Alto Saxensis, in Præfecturam redactus, & nominatim *Alto Sa-*
xensis,

qui-

quidem in pafcuo alpino, *die Saxer Alp* dicto: inter Abbatifcellanos Pontificios & Gamfenfes etiam Pontificios medio,
ita tamen, ut non pateat nifi per juga ferè infuperabilia,
acceſſus, uti quoque ex Tigurino Groningano Territorio non
aliæ patent ad Toggios, quàm montofæ viæ, fpeciatim *vom
Stäg uber die Hulfteck.*

Abbas *Sancto Gallenfis*, quâ Dominus *Provinciæ fuæ Veteris, der Alten Landfchafft,* Toggios imos cingit, difter-
minante *Glattâ,* inde ferè à *Goſſovia* & *Ober Glatt,* ad *Pyram* ufque *fuperiorem, Ober Büren,* ubi Glatta influit Thuram: hinc autem utrofque diftinguit *Thura,* ad Pontem ufque *Schwartzenbacenfem.* Terra hic fatis eft mitis & depref-
fa, acceſſus tamen difficiles reddunt ipfa Flumina intermedia;
quapropter alicujus momenti funt Pontes *Brübacenfis, die
Brü-bacher Bruck,* qui *Niderglattam* ducit, alius qui *Ober-
glatta Goſſoviam,* & *Schwarzenbacenfis, die Schwar-
zenbacher Bruck,* qui impedire poteft irruptiones in maximam
imi Toggii, Thuram & Glattam interjacentis partem, fed
quoque eas, quæ ex dextrâ Thuræ parte ex Pago Rikenbach
intenderentur verfûs Pagos *Batzenheid, Lütifpurg;* confe-
rente multum Arce *Schartzenbach,* fitu refpectu Thuræ, &
Regionis trans Thuranæ eminentiore locata, cujus profpe-
TAB. IV. ctum fiftit TAB. IV.

Turgovia;   *Turgovia* Toggio eft confinis inter *Fifchingam* Pagum atque Coenobium, & Pagum *Kilchberg,* mediantibus jugis &
faltubus: lineâ à Confinio Turgoviæ & Provinciæ Veteris
dicta ad fummum montis *Hörndli* jugum.

*Caftra
Rhætica,*   *Caftra Rhætica* cum *Dominio Utznacenfi, Gafter und
Herrfchafft* Utznach longâ fatis inde à Tigurina Ditione ad
Sarunetes protenfa, montium catenâ difterminantur à Toggiis. Tranfitus patent, licet non faciles, & facile impediun-
di 1. Ex *Valle* Utznacenfium *Goldingenfi, Goldinger- Gul-
dener- Thal,* per montem *Creutzeck,* minus tamen ufualis.
2. *Uber die Lad.* 3. *Durch den Hummelwald.* 4. Ex Pago
auf Ammon, fupra Vefenam fito, *uber den Ammerberg* in
Toggium fuperius, *auf Alt- oder Neu- St. Johann,* qui tamen
ipfe eft perdifficilis; & inprimis Equis per pafcua alpina, &
anguftos

anguftos tractus ducendis, vix fuperabilis. Pertinent autem Caftra Rhætica cum Dominio Utznacenfi ad Suitenfes, & Glaronenfes Pontificios.

Sarunetanus Comitatus, *die Grafffchafft Sargans*, Do-minio VII. Pagorum veterum fubjecta Toggio fuperiori ad meridiem fita, altiffimis & inviis prorfus jugis eft feparata. *margin: Saruneta-nus Comi-tatus,*

Werdenbergicus Comitatus, *die Grafffchafft Werdenberg*, Jurifdictioni Glaronenfium Reformatorum parens, ab ortu Toggios tangit, mediantibus jugis, licet perviis, quibus ad Pagum *Wildenhaus* datur tranfitus. *margin: Werdenber-gicus Comi-tatus,*

Gambfenfe Dominium, *die Gambfer Herrfchafft*, à Suiten-fibus & Glaronenfibus Pontificiis dependens, inter Werden-bergicum Comitatum, & Præfecturam Saxenfem medium, pa-riter ab Ortu Toggio fupremo eft conterminum; viâ monto-fa patente ex Pago *Wildenhaus* ad vicum *Gambs*. *margin: Gambfenfe Dominium.*

Longitudo totius Regionis protendit fefe à Septentrione verfus Meridiem & ortum, a Ponte Schwartzenbacenfi ultra Pagum Wildenhaus, ab imo Toggio ad fummum ad 10. ferè horas, vel 5. Milliaria Germanica; *Latitudo* plerunque circi-ter ad 3. vel 4. horas. *margin: Comitatus Toggici Longitudo, & Latitudo.*

Diftinguitur Comitatus in Provinciam *fuperiorem* & *infe-riorem*, *in das undere und obere Ampt*. *margin: Ejus Divifio.*

Superiori innexum eft I. oppidum *Liechtenfteiga*, *Liech-tenfteig*, *Liechtenftein*, ubi convocari folet Confilium to-tius Toggii, *der Landrath*, & judicari res criminales, appel-lationes aliæque gravis momenti. Refidebat hic olim Princi-pis nomine Præfectus. In Civilibus judicatum femper fuit à Senatu Liechtenfteigenfi, cui Scultetus præfidet. Fuit olim hoc oppidum, in medio ferè Toggio commodè fitum, fedes Domefticorum feu Aulæ Comitum, qui inhabitabant Arcem *Neu Toggenburg* fupra Oppidum & Pagulum *Wafferflu* emi-nenti fitu locatam: fita eft autem hæc arx in Communitate *Neccarina*, *im Neckerthaler Gericht*, & deftructa fuit, Stumpfii judicio, A°. 1083. ab Huldrico Abbate Sancto Gal-lenfi, qui origine fuit Princeps Carinthiæ. Religio eft hic utra-que, Reformata ac Pontificia. Infignia Oppidi funt albo ru-bra perpendiculari linea diftincta. Arcis verò *Neu Toggen-* *margin: Provincia fuperior. Oppidum Liechten-fteig.* *margin: Arx Neu Toggenburg.*

b-rg

burg infignia funt Moloffus Anglicus niger lingua rubra, &

millus coloris Ferruginei. Hic Moloffus Anglis *Dogg*, vero fimiliter Regioni, primam nominis *Doggenburg* originem dedit, nifi fortè cum Celeberrimo quodam noftræ urbis Theologo & Hiftorico derivare velis à *Tucconia*, *Tucken*, Pago ad fummum Lacum Tigurinum fito, antiquiffimis Hiftoricis Walafrido Strabo, qui vixit circa A^{um} 614. Raperto Thuregienfi, qui vixit circa A^{um} 880. memorato, qui faltem ferioribus temporibus Comitum Toggicorum fuit.

II. *Vallis Thuræ*, *Thurthal*, *Turtthal;* quo quidem nomine generali veniebat olim, & jufto titulo integer Comitatus à Thuræ origine ufque ad oppidum Wilam flumine irriguus. Κατ᾽ ἐξοχὴν verò Provincia fuperior, *das Obere Ampt*, excepto oppido, totum nempe fuperius Toggium, quod inde à Liechtenfteigâ fefe protendit, ad ufque confinia Orientalia.

In hac Thuræ Valle funt Communitates fequentes. *Gerichte*, *und Gerichts Gemeinden.* 1. *Vallis Thuræ* ftrictiffimè dicta *Thurthal.*

Huc pertinent Pagi fequentes, *Krummenau*, *Enetbüel*, *Sidwald*, *Winterfperg*, *Plomberg*, *Buel*, cum ædibus in vicinia difperfis, *Niderhauffen*, Schlatt : Prope Enetbüel funt quoque rudera Arcis.

2. *Wattwyl*, *Wattweil*, Pagus horæ fpatio diftans à Liechtenfteiga verfus Meridiem loco amoeno, prope quem congregari folent Comitia Toggica, *die Landsgemeind.* Ad hanc communitatem pertinet *Cappel;* porrò Arx munitiffima *Yberga*,

Yberg, ædificata primum circa A^{um} 1262. à Nobili *Hartmanno ab Yberg*, quæ brevi poft in poteftatem devenit Comitis Craftonis de Toggenburg, & hoc Comite prope Vitodurum fuperius per ficarium occifo, in manus Abbatis Sant Gallenfis, jure donationis factæ ab ipfo Hartmanno Proprietario, quo facto periit fimul nova Arci huic impofita appellatio *Crafftburg.* Rediit quidem vi armorum rurfus ad Comites, & ab his ad Abbatem Berchtoldum. Sub Guilielmo Abbate, qui è Montfortiana fuit Familia, occupata fuit hæc ipfa arx à Rege Rodolpho Habfpurgenfi, & A°. 1405. ab Abbatifcellanis

&

HULDRICUS HUTTENUS.
Eques Auratus.

& Sancto Gallensibus; denique A°. 1710. per stratagema in manus venit Toggiorum. Triplicem hujus Castelli munitissimi faciem sistunt TAB. V. VI. & VII. E regione Yber-*TAB. V.* gæ supra Wattwilam extruxit Abbas Antagonistam Ybergæ *VI.& VII.* Arcem *Bernfels, Bärenfels,* A°. 1240.

Arx Bern-
fels.

3. *Hemberg,* Pagus montanus Religionis utriusque.   *Hemberg.*

4. *Zum Wasser, Wassergmeind,* quæ Communitas comprehendit solum Pagum *Nesslau,* cum ædibus in illo districtu *Zum Was-* *ser.* sparsis: nomen obtinuit à copia aquarum communitatem illam irrigantium, investitur namque à Thura, & Luterâ, quæ ultima à *Valle Thuræ* disterminat.

5. *Pagus & Monasterium divi Johannis vetus, Alt S.* *Pagus* *Johann,* Benedictini Ordinis, fundatum circa A^{um} 1150, à quo-*& Mo-* *nasterium* dam Nobili Wetzelio de St. Johann, quoad locum: posteà *D. Johan-* verò ab ipsis Comitibus Toggicis, loci Advocatis insigniter *nis vetus.* ditatum. Fuerunt autem primi duo Monachi Cisterciensis Ordinis ex Cœnobio Trub Vallis Emmensis; postea autem fuit numerus Monachorum adauctus, ipsisque Abbas Præfectus ex Cœnobio Trub, primo Abbate demortuo, sub Pontificatu *Eugenii* tertii & Imperio Conradi III. Imperatoris Electus fuit Burcardus ex ipso fratrum numero. *Nobiles* ipsi de *St. Johanne* habitabant tum in Pago ipso, tum Vesenæ; transvectum autem est Monasterium posteris temporibus in Pagum *Sydwald,* ubi nunc nomine *Neü St. Johann* viget; ut in veteri Monasterio unicus duntaxat Monachus resideat, pro reditibus colligendis, & ut officiis sacris horas destinatas voveat; Insignia Monasterii sunt Agnus vexillifer albus in campo cœruleo. In hujus communitatis districtu inter Pagos Stein & S. Johann sunt rudera Arcis *auf der Burg.*

6. *Wildenhaus,* Filia olim Parochiæ Gamsensis, in Paro-*Wilden-* chiam redacta ab Abbate Huldrico: supremus Toggii Pagus *haus.* nobilitatus nativitate Magni Reformatoris *Huldrici Zwinglii,* qui ibi primam vitæ suæ auram traxit ipsis calendis Januarii 1484. Patre *Huldrico Zwinglio,* Loci Ammanno, & Margaretha Meilia. Fuit olim hic Arx, *die Wilde Burg* cognominata, quæ adhuc in esse fuit A°. 1468. & olim ab Eindsidlensi Cœnobio in Feudum concessum dicitur Comitibus Toggiis.

Vallis Neccarina, superior.   III. *Vallis Neccarina, Neckerthal, Neccarthal,* superior scilicet unicam habet communitatem & Parochiam primariam, *Petrocella, Peterzell* dictam. In confiniis hujus judicii, quod alias *das Peterzeller Gericht* vocatur, inter *Spreitenbach,* & *Furth* sunt quoque rudera Arcis destructæ.

Comitatus Töggici Provincia inferior.   *Toggium inferius, seu Provincia inferior, das untere Ampt,* omnes comprehendit communitates, quæ infra *Liechtensteigam* sunt.

Vallis Neccarina inferior.   I. *Vallis Neccarina inferior, das undere Neckerthal,* unicum quidem format judicium, dictum *das Neckerthaler Gericht,* sequentes tamen habet Parochias.

   1. *Brunnaderen.*

   2. *Mogelsperg,* ubi olim quoque fuit Arx Nobilium *de Mogelsperg.*

   3. *Helffenschweil.*

   4. *Ganderschweil.*

Huic quoque judicio inserta est Arx destructa *Neu-Toggenburg.* v. supra sub Tit. *Lichtensteig.* Pertinet item huc Arx destructa *im Grunen,* sita versus *Känelbach,* nec non alia ad Thuram *Rüdberg* dicta prope *Lauffen.*

Judicium Bazenheidense.   II. *Judicium Bazenheidense, das Bazenheider Gericht:* Distinguitur Pagus *in ober und nider Batzenheidt.* Hujus nominis *de Batzenheidt* olim fuere Nobiles.

Lütispurg.   Pertinet huc quoque *Lütispurg,* & *Pittschweil, Bittschwyl, Bützischwyl. Lütenspurgum* Arx, *Lütispurg,* *Lütenspurg,* (TAB. VIII.) locus est magni pro transitu Thuræ, & communicatione Toggii inferioris cum superiori momenti, muro & forti Turri munitus; extructus juxta quosdam temporibus Abbatis Conradi S. Gallensis, de Bussnang cognominati; aliis tamen altioris antiquitatis notas præ se ferre videtur. In hoc quoque Judicio haud longe à scaturigine Murgæ sita est Arx *Alt Toggenburg,* quæ origines dat ipsi Familiæ Toggicæ, quæ hic primas sedes habuit; occupata occasione fratricidii Comitis Diethelmi, Aº. 1226. ab Abbate Conrado Sancto Gallensi: & circa A^um 1285. ab Abbate Kemptensi, destructa tandem Aₒ. 1405. ab Abbatiscellanis & Sancto Gallensibus. In eodem est Arx destructa *beym Rothenbach,* prope *Oberbatzenheid.*

   TAB. VIII.

   Arx Alt Toggenburg.

III.

III. *Judicium Kirchbergense, das Kirch* vel *Kilchberger* *Judicium Kirchbergense.*
Gericht. Prope hunc Pagum A°. 1446. in Bello veteri Tigu-
rino, fuere Comites Jacobus de Lützelftein, Ludovicus de
Helffenftein, Johannes de Rechberg tunc Friderici III. Imp.
Capitanei Præfidio Tigurino Præfecti, irrupturi in Toggium,
fufi à Petermanno de Raron, & Toggiis.   In hac Parochia
funt rudera Arcis Nobilium *de Lamprechtfchweil:* item *Brun-*
berg, fupra *Rickenbach.*

IV. *Judicium Mofnangenfe, das Moffnanger Gericht;* *Judicium Mofnangenfe.*
Parochia *Moffnang, Mofflingen* (cujus nominis quoque fuere olim Nobiles *de Moffnang.*) latè diffufa.   Ditioni Tigurinæ & Turgoviæ contermina cum filiis fuis, *Brunnen, Riedt,*
in Treyen, Fridlingen.   In hoc judicio rudera funt Arcis
auf Rachlis, fupra Pagum Mofnang; alius quoque, quæ è
Regione eft *Veteris Toggenburgi, im Hinderhof,* verfus
Montem *Hörnlin;* porro alius *Hinder bäbigen, bey Winc-*
klen, ubi limites funt Mofnangenfis judicii & *Batzenheidenfis.*

V. *Judicium Krynovienfe, das Krynnauer Gericht.* *Judicium Krynovienfe.*

VI. *Judicium Vallis Rinnenfis* feu *Rhenanæ,* tum *fuperio-* *Judicium Vallis Rinnenfis.*
ris, tum *inferioris, das Gericht des Oberen und Underen*
Rinnethals, Rinthals.

VII. *Judicium Schwartzenbacenfe, & Algetshufanum,* *Judicium Schwarzenbacenfe, & Algetshufanum.*
das Schwartzenbacher, & Algetshaufer Gericht. *Schwart-*
zenbach olim oppidum, nunc nobilis Pagus unâ cum Arce
feu Caftello in imo Toggio fitus.   Extructum fuit hoc oppidum A°. 1273. ab Imp. Rodolpho Habfpurgenfe, initio fui
Regni, occafione motuum Bellicorum inter binos Abbates
Sancto Gallenfes rivales Huldricum de Güttingen, & Henricum de Wartenberg.   Eum autem in finem fuit extructum
Caftellum unâ cum oppido, ut inferviret contra Comites de
Toggenburg, eorumque irruptiones in Turgoviam.   Durantibus his motibus, & qui fequebantur, bellicis, fuit Schwarzen-
bachum, Wilæ antagonifta, aliquoties & deftructum, & reæ-
dificatum: ultimam vero ruinam dedit Abbas Henricus II. na-
natus de Ramftein, qui ab Alberto Imp. obtinuit, ut Schwar-
zenbacum transferretur Wilam.   Arcem folam retinuit Jacobus Vogt de Frauenfeld, & ex ruderibus Murorum oppida-

Bbbb 3   norum:

norum deftructis refarcivit; poftea devenit hæc arx jure emtionis ad Henricum Nobilem de Grieffenberg, tandemque ad
Abbatem.

Paulò fupra confluxum Thuræ & Glattæ fita erat Arx
Gielfperg, habitata olim à Nobilibus dictis *Gielen, von Gielsperg*, poftea Poffefforibus Arcium *Gyrfperg* & *Helffenberg*
prope *Stamheim*.

*Judicium
Jonfchwy-
lanum.*

VIII. *Judicium Jonfchwylanum, das Jonfchwyler Gericht. Jonfchwyl, Jonffwyl*, pagus eft mixtæ Religionis:
in cujus diftrictu eft Arx deftructa *Eppenberg*, Nobilium,
qui dicti erant *die Meyer von Eppenberg*. Periit hæc arx fulmine icta fub initium Imperii Caroli V. Arx item adhuc poffeffa *Feldegg*, fupra *Jonfchwyl*.

*Judicium
fupra Uz-
wilanum.
Judicium
infra Uz-
wilanum.
Judicium
Homburg-
genfe.*

IX. *Judicium fupra Uzwilanum, das Ober Uzweiler
Gericht.*

X. *Judicium infra Uzwilanum, das Nider Uzweiler
Gericht.*

XI. *Judicium Homburgenfe, das Homburger Gericht*,
ubi *Homburg oder Watt*. In hoc diftrictu eft Arx deftructa
Alt Glattburg, prope *Nider Glatt;* Poffeffa ante 800. abhinc annos à Nobilibus dictis *Gielen von Glattburg;* occupata A°. 1405. ab Abbatifcellanis & Sancto Gallenfibus : mox
rurfum devenit ad Nobiles, deftructa tandem A₀. 1485. ab
accolis.

*Judicium
Flawila-
num.
Judicium
Burgaua-
num.
Judicium
Tägershei-
menfe.*

XII. *Judicium Flawilanum, das Flaawyler Gericht.*

XIII. *Judicium Burgauanum, das Burgauer Gericht.*
Prope *Burgau* pagum funt quoque rudera Arcis.

XIV. *Judicium Tägersheimenfe, das Tägerfcher- De-
gerfcher Gericht*. Fuere quoque olim Nobiles de *Tägersheim*.

*Judicium
Maggeno-
vianum.*

XV. *Judicium Maggenovianum, das Maggenauer*, Mac-
kenower *Gericht. Mackenow, Magtenow, Mägtenow* Cœnobium eft fequioris fexus ordinis St. Bernhardi.
Prope Magdenoviam funt quoque rudera Arcis.

*Judicium
Bichwila-
num.
Judicium
Liberum.*

XVI. *Judicium Bichwilanum, das Gericht zu Bichweil.*

XVII. In imo Toggio eft dimidium *judicium Liberum, das
Fry Gericht*, ex utraque Thuræ parte.

Refor-

Reformata Religio colitur in Parochiis, *Liechtenſteig*, Religio. *Wattwyl*, *Hemberg*, *Kappel*, *Krummenau*, *Neſſlau*, *Stein*, *Alt S. Johann*, *Wildenhaus*, *Peterzell*, *Brunnaderen*, *Mogelſperg*, *Helffenſchweil*, *Ganderſchweil*, *Lutiſpurg*, *Pittſchweil*, *Kilchberg*, *Moſſnang*, *Jonſchweil*, *Hänau*, *Niderglatt*, *Oberglatt*, *Tägersheim*, *Bichweil*; ita tamen, ut ſemper ferè immixti ſint Pontificii, & aliquando, in ſuperiori imprimis Provincia Reformati fortiores, in Inferiori autem Pontificii.   Pontificii in Pago *St. Johann*, & ſuperiori reliquo Toggio ſubſunt juriſdiⱥioni Eccleſiaſticæ Epiſcopi Curienſis, reliquum omne Toggium pertinet ad Epiſcopatum Conſtantienſem.   Fit equidem ſæpe, ut Exercitium hoc Religionis ſimultaneum anſam præbeat diſſenſionibus mutuis, in inferiori cum primis Provincia, ſicut exempla proſtant motuum *Kilchbergenſium*, *Hänovienſium* &c. ſed quoque ligat hoc ipſum animos, qui faciliùs in partes traherentur Libertati ſuæ nocivas, ſi alterutra ex Provinciis foret hujus, alia illius Regionis.

Nimis debile tamen foret hoc ſimultanei cultus ſacri vinculum, niſi animos Toggiorum firmius colligaret Juramentum generale, *der Land Eid*, quo ſeſe in Comitiis inter ſe uniunt, quodve anteit juramento Fœderali inter Toggios & concives ſuos Suitenſes ac Glaronenſes inde A°. 1440. ſervato.

Surgit Toggiorum numerus ad 9000. incirca viros, quo- Toggiorum rum duæ tertiæ partes ſunt Reformati, ⅓ Pontificii.   Numerus.

Qualitatem ſoli Toggici quod attinet, eſt Provincia infe- Solum rior fertilis inprimis frumentis, & fruⱥibus Arborum, ſupe- Toggicum. rior pratis & paſcuis; ita ut illa huic inſuper providere poſſit quoad Frumenta, hæc illi ex ſuperfluo dare Laⱥicinia.   Eſt utraque quidem Provincia montoſa, inæqualis in ipſa Valle, ſunt tamen juga ſuperioris editiora, inferioris mitiora.   Habetque notabile id beneficium Toggicus Comitatus, ut inferior ejus pars Agriculturæ & Arboretis ratione ſitus commodior ſeſe protendat in lineà Meridianà, ſuperior verò alias ratione ſitus eminentioris nonniſi ad paſcua utilis ſeſe fleⱥat ita, ut ſuprema portio ab Oriente ferè direⱥa ſit ad Occidentem, & propter hanc flexuram majorem admittat caloris gradum, &

fœcun-

fœcunditatem majorem in omni frugum genere, ut in supre-
mis pagis non defint Agri, Legumina, Cannabis, arbores.

Aquæ præ-
cipuæ.

    Aquæ præcipuæ, quæ Toggium irrigant, funt *Thura*,
Thaurus, *Taurus*, *Turus*, *Tura*, *Dura*, *Duras*, *Du-*
rias, *d'Ur*, *Dur*, *Thaur*, Flumen rapidum, quod *Tur-*
goviæ, *Turgow*, *Thurgow*, nomen dat, ipfum verò primitus juxta *Glareanum* vocatum fuit *die Ur*, poftmodum elifo
diphthongo *ie*, *d'Ur*, quemadmodum nominare folemus *Ru-*
fam, *d'Rüfs*, *Arolam*, *d'Ar*. Hoc autem nomen obtinuit,
uti quoque *Tauri* cognomen, ab infigni fua rapiditate, com-
paranda cum ferocitate *Taurorum Sylveftrium*, qui *Uren*
Germanis nuncupantur. Origo hujus fluvii eft in fummo
Toggio, duplex ferè, una *Thuræ*, κατ᾽ ἐξοχήν ita dictæ, in
udis pratis infra pagum *Wildenhaus*, loco nominato *im Mün-*
fen riedt, altera *Thuræ albæ*, *der Weiffen Thur*, quæ fca-
turit *im Flifs*, inter altiffima juga *des Schaffbergs*, *und Ho-*
henfäntis, confluit utraque quartâ horæ parte fupra Pagum
Alt St. Johann: fed quoque fontibus fluvii hujus adnumeran-
di funt tum breves rivuli ex mediis Pratis infra fupraque
jam nominatum Pagum profilientes, in Mappa vifundi; tum
rivi alii paffim ex jugis Alpium deflui. Inter Pagos *Alt St.*
Johann, & *Zum Stein* à finiftris influunt Rivi *Starkenbach*
& *Durrenbach*. Prope *Nefflau der Lochbach*, prope *Neü*
St. Johann die Lutern, rivus Fluminis æmulus: inter *Sid-*
wald & *Krummenau der Ennetbüelerbach* & *Hundsbach*: inter *Krummenau* & *Gefelbach*, *der Trempelbach* & *Gefelbach*:
omnes hi à dextro latere: inter *Gefelbach* & *Stoken der Stei-*
nenbach à finiftris: Inter *Cappel* & *Watwyl der Olensbach* &
Dorffbach à dextris: *der Riggenbach* à finiftris. Juxta *I-*
berg der Steinerthalerbach, ftatim fupra *Liechtenfteig der*
Schwendibach, & infra *der Lederbach*, uterque à dextris:
prope *Dietfurt der Dietfurterbach*: à finiftris; è Regione
Lütifpurgi arcis *der Guntzenbach*; ftatim fupra Lütifpurgum
à dextro latere Thuræ fuas aquas tradit, *Neccarus*, *der Nec-*
kar, fluvius origines fuas habens in Montibus fupra *Peter-*
zell, & perluens porrò integram Vallem *Neccarinam*, *das*
Neckerthal, cui nomen communicat, ordine autem alluit loca

fequensequentia, *Furt, Spreitenbach, Brunnaderen, Neccar, Rennen, Anzenschweil, Ganterschweil*. Inde à Lutispurgo solitaria fere pergit Thura inter Petrarum varios anfractus usque ad ejus confluxum cum *Glatta*, prope *Pyram superiorem, Oberbüren, & Gielsperg*, Arcem dirutam. *Glatta* ipsa, *die Glatt*, Fluvius est Toggio quoque adnumerandus, limitaneus nempe Comitatus Toggici, Provinciæ veteris Abbatis Sancto Gallensis, & ditionis Abbatiscellanæ.

Toggio quoque debetur origo *Murgæ*, Fluvii qui fontes suos habet in Montibus inter Arces Alt-Toggenburg & Waldeck, hinc Vischingam tendit.

Forma Regiminis Toggici hodierni A°. 1709. & 1710. hæc est: *Forma Regiminis Toggici.*

In rebus toti Toggio communibus judicat

1. Senatus frequentior totius Regionis, *der große Land-Rath*, constans vi decreti Comitiorum, *in Kraft Landgemeind'schlusses*, viris 80. quorum medietas est Reformata, altera Pontificia; Eliguntur hi in Provincia superiori ab omnibus Judiciis seu Communitatibus, in inferiori à Parochiis, *im Oberen Amt von allen Gerichts Gemeinden, im Underen von allen Kirchöhren*. Communitas quævis certum dat numerum pro ratione amplitudinis, vel Juris, 2. 4. 6. ubi Exercitium Religionis est simultaneum, eliguntur junctim ab utraque parte, sine affinitatis, respectu. *Communitates superioris Provinciæ* sunt 1. *Liechtensteig.* 2. *Wattwyl.* 3. *Thurthal.* 4. *Wasser.* 5. *S. Johann.* 6. *Wildhaus.* 7 *Hemberg.* 8. *S. Peterzell.* Parochiæ sequuntur. 9. *Büzenschweil.* 10. *Mosnang.* 11. *Kirchberg.* 12. *Jonschweil.* 13. *Henau.* 14. *Niderglatt.* 15. *Oberglatt.* 16. *Magdenau.* 17. *Mogelsperg.* 18. *Helffenschweil.* 19. *Ganderschweil.* 20. *Lütenspurg.* Ita ut in universum ad constituendum Senatum majorem concurrant 20. Communitates. *Judicia* verò, *Gericht*, in toto Toggio sunt 24½. Senatus hujus majoris est, sigillare de libertate communi servanda. Hic in rebus gravis momenti convocat Comitia, penes quæ tunc stat concludendi potestas. Secretarii sunt duo, *Landschreiber*, utriusque religionis unus, qui eliguntur ab ipsis Comitiis.

Bini

Bini item Thefaurarii, *Landsfeckelmeifter*, rurfus ex utraque Religione; eliguntur hi ex judicio Regionis, *aus dem Land-gericht*; adminiftrant hi alternatim fifcum unus, alter redi-tus, & expenfas: Præfident hi etiam in judicio criminali, fin-guli pro maleficis fuæ religionis

Seligit hic Senatus major ex fe ipfo 24. duodecim nempe utriufque Religionis, qui vocantur

II. *Judicium Regionis , das Land Gericht oder Blut Ge-richt.* decidunt hi res criminales.

Ex his ipfis 24. viris feligit Senatus major 12. alios, fex nem-pe ex una Religione, qui vocantur

III. *Senatus Regionis minor , der kleine Land Rath , oder Appellations Rath ,* tractant hi res alias minoris momenti, appellationes ex judiciis inferioribus ad fe delatas, quæ tamen appellationes locum non inveniunt, nifi inter reum Evangeli-cum, & accufatorem Pontificium, & vice verfa. Obfervan-dum nihilominus quoad electionem, non neceffario hunc Se-natum componi debere ex judicio præcedenti, fed penes ma-jorem ftare Senatum, unum vel alterum membrum deftinare uni duntaxat ex his Judiciis, vel utrique, prouti ipfis videtur.

Ex his 12. viris feligit rurfum Senatus major 6. alios , ex quavis Religione 3. nominantur hi

IV. *Commiffio Regionis , Lands Commiffion , oder Inquifi-tions Rath ,* examinant hi res Criminales, aliafque graviores ufque ad fententiam , & judicant, an cafus propofiti defe-rendi fint ad Senatum majorem , minoremve, vel judicium Regionis.

In omnibus his Senatibus & judiciis Præfidium eft ratione Religionis alternum. Obfervandum infuper, ita dependere electionem vel depofitionem membrorum pro tribus pofterio-ribus judiciis à Senatu frequentiori, ut fi alterutra Religio ha-beat quid, quod contradicere poffit, & quidem ultra 4. ejus Re-ligionis contradictioni confentiant, decifio expectanda fit ex folo ejufdem Religionis Senatu majori, & altera Religio ob-ftricta fit latam fententiam defendere omnibus viribus.

Judicia inferiora , numero 22, per totam Regionem di-
fperfa,

sperfa, decidunt res civiles aliasque minoris momenti in suis singulorum districtibus obvias.

Constituuntur hæc Judicia quotannis, constantque communiter ex Ammanno, Judicibus 12. Scriba & Apparitore.

Stat penes quasdam Communitates jus eligendi absolutè, alibi proponuntur Abbati 4 unde seligere potest unum pro Ammanno.

Judicum dimidiam partem dat Princeps, alteram incolæ.

Scribam & apparitorem eligunt Incolæ, sed ex ipso eorum corpore.

Regiminis Toggici Statum præsentem optimè, quàm quidem describere potero, sistet sequens

INSTRUMENTUM PACIS
inter Cantones
TIGURINUM atque BERNENSEM
ex una, &
Principem atque Abbatem
SANCTO GALLENSEM
ex altera parte,
initæ
Badæ in Argovia
A. MDCCXVIII.

In Nomine Sanctissimæ, Individuæ Trinitatis, DEI, Patris, Filii, & Spiritus Sancti, Amen.

Notum sit omnibus ac singulis. Exortis, communi nostro tædio, occasione Gravaminum Nationis Toggicæ, inter Helvetiæ Cantones binos, Tigurinum, atque Bernensem ex una, & Principem, Abbatem, Decanum, at-

que Capitulum Cœnobii Sancto Gallensis, ex altera parte,
simultatibus quibusdam atque dissidiis, quæ non obstante
omni adhibitâ operâ tandem justo DEI judicio, non in Tog-
gio solo, verum & Provincia Abbatis Veteri, in apertum
erupere bellum; convenère prænominati Cantones ac Prin-
ceps cum Capitulo, singulari ad Pacem propensione moti, ut
Deputati, initio quidem publico Charactere destituti, heìc,
Badæ, Pacis ineundæ consilia agitarent, tandemque post
indefessos labores, Divinâ assistente gratiâ, pro firmandâ
Pace, utinam perenni, & restabiliendâ Helveticâ Fide &
unione, Articulos sequentes in chartam conjicerent, eâque,
quâ à superioribus suis instructi postmodum erant, potesta-
te, servatâ semper arbitrariâ horum ratihabitione, subsi-
gnarent.

I. *Gaudebit nomine ac jure supremi in Toggio Dominii,*
Princeps & Abbas *quilibet* Sancto Gallensis, *& tenebuntur*
ei consueta præstare homagia Toggii, reservatis tamen ho-
rum Juribus ac Privilegiis. Modum autem, quo lites ex-
ortæ decisæ fuerint, sequentes ordine declarabunt articuli.

II. *Constabit* Senatus Provincialis (der Land - Rath)
sexaginta membris, triginta nempe ex Religione Romano-
Catholica, & triginta ex Evangelica. Electionis jure gaude-
bunt in omni Provinciæ districtu communitates ipsæ. Qui
hanc obtinebunt dignitatem, ætatem eâ, nisi malefactis in-
dignos se reddiderint, vel impotes facti fuerint, non exci-
dent. Penes hunc Senatum stabit, eligere Arbitrum (Ob-
man des Land-Raths) *hujusque* Vicarium, (Statthalter:)
nec non Quæstores, (Seckelmeistere) Vexillarios, (Panner-
Statthalter,) *servatâ semper Religionis ratione alternâ,*
Secretarios *item,* Commissarios, *&* Nuntios, *numero sem-*
per pari, asservare sigillum Provinciæ, eoque Decreta sua
obfirmare.

III. Munia *Senatus hujus* Provincialis *sunt, invigilare*
Juribus atque Privilegiis toti Regioni communibus, vel huic
illive districtui peculiaribus, ne quid patiantur detrimenti,
gravamina circa illa exoritura ad Principem, debitâ obser-
vatâ

vat à reverentiâ, deferre, ejusque opem sollicitare: hâc autem non obtentâ, causæ suæ jus absque ambagibus postulare, locis ad hunc finem destinatis; stipendia, tributa, & sumtus bellicos indicere, pro rata distribuere, ea calculis subducere, & de iis sibi ipsi rationem reddere, aliaque hujus generis tractare: intereà tamen haud immiscere se rebus ad Principem, Judiciave hæc illave Regionis speciatim pertinentibus.

IV. *Juramento adstringantur Senatus Provincialis membra, ut & Rev.ᵐⁱ Principis & Regionis commoda promoveant, damnaque avertant, Juribus ac Privilegiis Regionis conservandis studiosè invigilent, & obstacula via vel amicabili, vel juris amoveant, publicis Senatus consiliis vocati frequentes intersint, stipendia atque tributa ex æquo ordinent, & in omnibus his tales se gerant, uti Patriæ salus exigit, bonâ fide, absque fuco.*

V. *Certo quodam die quotannis semel & ordinarie convocandus est Senatus provincialis, ad tractandum res totius Regionis: quod si tunc incidat quidpiam, quod Principem tangit, notificari id ei, vel ejus Præfecto per duos, tresve Senatores, debitâ reverentiâ, necesse est.*

VI. *Liberum tamen esto Senatui Provinciali, extra constitutum illum diem, sese colligere, quoties id postulat necessitas, ita tamen, ut ante diem congressus Principis Præfecto notum fiat, crastinâ luce Senatum conventurum esse: quod si & in hujusmodi congressibus occurrat, quod Principis interest, id rursum ei, vel ejus Præfecto significetur necesse est.*

VII. *Tenetur Senatus Provincialis, Toggii indigenas quosvis, quartum supra decimum, & quod excurrit, agentes annum, nec dum* Juramento Provinciali (Land-Eyd) *adstrictos, per quinquennia citare, &, ut juratione dictâ se coram Senatu obligent, adstringere. Hoc ipsum autem juramentum Provinciale solemniter est renovandum, quoties Concio Populi Toggici* (die Landsgemeind) *sese congregat; & eligi simul debet à Concione* Vexillarius, (Pannerherr.)

VIII.

VIII. Judicii Provinciæ Criminalis (des Landgerichts)
forma hæc esto : Præses sit quilibet Tóggii Præfectus : Judices ipsos, numero viginti quatuor, constituit Princeps, seligendo ex omni Provinciæ districtu, videlicet ex singulis veteribus viginti & duabus Parochiis unum, binos autem tum ex Lucis Steigâ (Liechtensteig,) *tum ex* Vatvila (Wattweyl:) *sint autem hi Judices viri probi, rebus agendis apti, integræ famæ, ex Evangelica Religione duodecim, ex Romano-Catholica totidem.*

IX. *Obligandi sunt hi Judices solenni juramento, ut, quoties convocantur, judicio frequentes intersint, judicentque casus obvios ex æquo, nullâ nisi Justitiæ ratione habitâ, divitibus atque pauperibus, pauperibus atque divitibus, extraneis atque indigenis, nullâ habitâ ratione amoris, vel odii, neque se corrumpi patiantur muneribus aut largitionibus, sed ubique satis* DEO *faciant & juri, sine personæ, vel Religionis discrimine, bonâ fide absque fuco.*

X. *Haberi & exerceri debet Judicium hoc Criminale nomine & authoritate Principis.*

XI. *Judicii hujus Criminalis est, sententias ferre in criminalibus, sub fide honoris & juramenti. Constat autem id Præside, Præfecto, Judicibus ordinatis viginti & quatuor, cum Provinciæ Secretario* (Landschreiber.) *Penes Præfectum & Forum hoc Criminale, tanquam Senatum Regionis à Principe constitutum, porrò stat, ordinare & expedire mandata alia, & Leges, quæ commodum totius Regionis attinent.*

XII. *In causa delictorum Criminalium, quæ vi & tenore legum non postulant pœnam corporalem, sed quidem multam pecuniariam, nemo indigenarum incarcerandus, qui fidejussionis nomine se obligare potest.*

XIII. *In Criminalibus testimonia produci debent coram Præfecto, Secretarii Provinciæ, & binorum ex Judicio Criminali, quorum unus sit Romano-Catholicæ Religionis, Evangelicæ alter. Testes autem ipsi ante notificandi sunt in vincula conjecto, quàm sub fide juramento deponunt; ut ex-*
ceptio-

ceptionibus, si quæ adsint, detur locus, & hunc in finem enuntiata ipsa accusato communicanda. Nemo autem in propria causa accusatoris simul & testis personam agere potest. Pro accusatoribus autem non habendi, qui vi officii sui & juramenti delicta ad judicem deferunt, vel consortes.

XIV. Omnibus Examinibus in Criminalibus, sive Confessiones sint spontaneæ, sive exprimantur tormentis, adsistant Judices supra nominati, quibus moderatum adsignari potest salarium.

XV. Quod si inter Examinatores memoratos non conveniat, num habenda sit quæstio de reo, nec ne, deferendum est hujus controversiæ punctum ad dimidium Judicium Criminale, formandum ex pari Romano-Catholicorum & Evangelicorum, senario nempe ex quavis Religione numero.

XVI. Quod si quempiam Judicum ex foro Criminali excludat parentela cum reo, aliave causa, supplendus est exclusorum, vel aliàs absentium, numerus aliis ejusdem Religionis, & pro finali sententia danda complendus integer viginti & quatuor Judicum numerus.

XVII. Discedentibus in causa Criminali in paria vota Judicibus, & dijudicante fortè Præfecto pro graviori pœna, licitum esto, suspensa executione, reo, suisve, Principis implorare clementiam.

XVIII. Jus aggratiandi Principi absolutè competit.

XIX. Pœnæ omnes pecuniariæ in causis criminalibus à Judicio Criminali definitæ sunto Principis: bona verò confiscata omnium maleficorum morti datorum; ut & eorum, qui malitiosa intentione sibi ipsis necem intulerant, eorumque fugitivorum, qui pœnam mortis meruere, & jure, si præsentes forent, sustinerent, eidem Principis fisco sunt adjudicanda: declarat autem se Reverendissimus Princeps, pro sua erga indigenas clementia, paternoque affectu, satis sibi futurum dimidia bonorum post sumtus processus ipsius, & æs alienum, soluta, parte, si quidem infortunium tale reciderit in unum ex Toggiis, unius, pluriumve liberorum parentem.

XX,

xx. *Stipendia Foro huic Criminali numerabit Princeps:
obstrictus autem est hic ipse Principis Senatus Provincialis
convocatus ab eo sese congregare, & pro conscientiæ dictato
consulere: destinato floreni stipendio quotidiano iis, qui supra* Krumenoviam (Krumenau) *infra Rivum* Gunzenbach
*habitant, dimidio autem iis, qui Lucis Steigæ sunt pro-
piores.*

xxi. *Membra Judicii hujus Criminalis non varianda, nisi quem excludat corporis mentisve adversa valetudo, aut
vitæ vitium.*

xxii. *Crimina quævis seu intentata seu commissa publicè
sunt a competenti judice judicanda, abolitis tacitis circa illa conventionibus, nisi quis, nemine urgente, facinus con-
fiteatur sponte: & Principi pecuniariæ coërcitiones adsi-
gnandæ.*

xxiii. *Judicum inferiorum juramentum esto idem, quod
membrorum Fori Criminalis.*

xxiv. *Ammannorum in Judiciis Inferioribus suggestiones
& surrogationes sint conformes juribus, privilegiis & usibus
hactenus receptis: eligatur autem Ammannus iis in locis,
ubi Communitati nominationis jus competit, die suggestioni
dicato, & sequatur Principis ratificatio intra proximos quatuordecim dies.*

xxv. *Judicum pars dimidia eligenda, conformiter Privilegiis & Praxi, a Principe, medietas altera à Communitate, observatâ semper Religionis paritate.*

xxvi. Apparitor (der Weibel) *quia Principis est officialis, Eique vi juramenti addictus, ut res pœna dignas defe-
rat & annuntiet, nulla ratio subest, cur aliter quam more
hactenus recepto & suggeratur, & eligatur.*

xxvii. *Scribas quod attinet Judiciorum* (die Gericht-
schreiber,) *proponet Princeps Communitati binos ex ipsa
Communitate judiciali* (Gerichts Gemeind) *huic muneri suf-
fenos, ex quibus jus habet Communitas seligendi unum: hac
tamen Lege, ut Apparitore addicto uni Religioni, Scriba sit
alterius.*

XXVIII.

XXVIII. *Non habent Præfecti, Ybergensis & Schwartzen-*
bacensis (die Vögte von Yberg und Schwartzenbach) *quod*
sese immisceant rebus Judicialibus, vel Judicio adsideant,
nisi nati sint Toggii.

XXIX. *A Judiciis Inferioribus non conceditur appellatio in*
civilibus, nisi causa excedat florenos 15. Hanc summam si
excesserit, non impediri potest à Judicio provocatio.

XXX. *Judicia annua* (die Jahr-Gericht) *pro more anti-*
quo haud intermittantur; & tenentur quidem Judicia Infe-
riora multare delicta & facinora, quæ sui sunt fori, juxta
tenorem Legum, Mandatorum, & Constitutionum, vid ju-
ris, partium studio semoto. Ipsæ autem multæ à Judiciis
Inferioribus decretæ omnes Principis sunto.

XXXI. *Delicta hujus generis Inferioribus Judiciis subjecta*
publicè sunt à competenti Judice judicanda, pro more anti-
quo, & secretæ circa illa conventiones abolendæ, nisi delin-
quens, nemine urgente spontaneâ confessione judicationem fi-
nalem suæ causæ poscat.

XXXII. *In talismodi Delictis, quæ Foris inferioribus sub-*
sunt, nemo cogendus est ad testimonium contra se ipsum, vel
ut juramento se purget: nisi decreverit id, validis rationi-
bus motus, Judex.

XXXIII. *Executio circa solvenda credita vel debita fieri*
debet pro ritu & more veteri æstimatione (durch die Schat-
zung.)

XXXIV. *Judicium appellatorium* (das Appellations Gericht) *constabit 12. membris, viris huic muneri aptis, pro-*
bis, & integræ famæ, ex ipsa Natione Toggica.

XXXV. *Judicii hujus Præses esto Toggii Præfectus: Hic*
autem vi præstandi & præstiti in ipsa inauguratione juramen-
ti ad id est obligandus, ut in omni suo judicii tum Provin-
cialis tum Appellatorii Præsidio, procedat absque vel Per-
sonarum vel Religionis acceptione.

XXXVI. *Circa electionem membrorum Judicii Appellatorii*
observandum, à Principe pendere constitutionem trium Ro-
mano-Catholicæ Religionis, & trium Evangelicæ, & à Se-

natu

natu Provinciali pariter trium ex Evangelica, triumque ex Catholico-Romana, quæ ex proprio Corpore feligere, huicque Judicio admovere poteft.

XXXVII. *Formula juramenti eadem efto, quæ fupra in puncto Judicii Criminalis.*

XXXVIII. *Stipendium quotidianum his Judicibus Appel-latoriis efto florenus, folvendus ex fumtibus pro fententia erogandis* (von denen Urtheil Gelteren.)

XXXIX. *Nec variandi funt hi Judices, quamdiu muneri funt apti, & vitæ probæ, uti fupra occafione Judicii Crimi-nalis monuimus.*

XL. *Terminantur appellationes à Tribunalibus inferiori-bus factæ in hoc Judicio appellatorio, quod abfolutam, & definitivam dat fententiam, à qua ulterius provocare non licet. Excipiuntur Dominia, Dominii Jura, Ufuræ fun-dorum ftabilium, aliæque poffeffiones, quæ alienari vel re-dimi nequeunt. Permiffa item provocatio ad Principem in caufa extranei, qui ne quidem in Toggio ulla bona poffidet, cum indigena, feu poftulator ille fit, feu poftulatus: hoc nempe in cafu gravato licet appellare ad Principem, feu ex-traneus is fuerit, feu indigena. Hæ appellationes quotannis bis & femel, pro re nata, in Toggio ipfo examinari, & li-tes terminari debent, nec exigi alii fumtus, quam qui pro fententia appellatoria ordinariè impendi folent. Quod fi ipfe Princeps morbo aliave caufa graviori impeditus judicio huic folemni intereffe non poterit, ftabit penes eum, rem per unum vel duos delegatos perficere.*

XLI. *Sententiis in paria vota divifis, ftat jus dirimendi penes Præfectum.*

XLII. *Conftitutio Præfecti in Toggio pendet à Principe & Abbate Sancto Gallenfi, cui liberum eft, Toggium feligere indigenam, vel extraneum.*

XLIII. *Principis quoque eft, Provinciæ tum Secretarium* (Land-Screiber) *tum Apparitorem* (Land-Weibel) *elige-re ex Natione Toggica; hac tamen conditione, ut non ejuf-dem fint hi duo Officiales Religionis. Catholico autem Secre-tario*

*tario adjungendus Evangelicæ Religionis Substitutus, &
viciffim Evangelico Secretario Substitutus Romano-Catholicæ cultui addictus, qui in caufis tum Appellatoriis, tum
Criminalibus adfit Tribunalibus, & in Protocollo formando
Secretarium adjuvet, omnia tamen hæc abfque Principis im-
pendio. Nominabit autem Judicium Criminale tres integræ
famæ Substituti munere dignos, & liberum erit Principi, ex
his unum eligere.*

XLIV. *Circa Jus Militiæ feu Armorum, & quæ inde pen-
dent, nihil decernit præfens Pacificatio, ne cuiquam jura
habenti aut prætendenti fit præjudicio.*

XLV. *Jus indigenatus nemini concedendum, nifi occafione
homagii novo Principi præftandi, & confentiente primùm
Principe, dehinc dimidia ad minimum Toggiorum tunc præ-
fentium parte. Ipfi autem, qui recipi poftulant, vel præ-
fentes fe fiftere, vel faltem nomine tenus proponi debent.*

XLVI. *Jus habitandi nemini concedendum invitâ Communitate.*

XLVII. *Jus Venationis & Pifcationis Principis eft, nifi
quis tenore fingularium Privilegiorum id poffideat.*

XLVIII. *Toggiis omnibus & fingulis jus mercaturæ, falis
commercio non excepto, eft liberum.*

XLIX. *Fundorum venundatio in manus mortuas, unde re-
dimitio non datur, nemini concedenda. Cafu etiam quo per
Teftamentum, Profcriptiones (Auffähle) Dotem, vel jure
hæreditatis eò reciderint, liberum efto indigenis prævia
æftimatione fub fide juramenti factâ fundos fibi appropriare.
Aft Principi ipfi nemo obftaculo fit, fi quidem is poffeffiones
in Toggio emtionis jure fibi comparare velit, hâc additâ cautione, ne talia bona incorporentur Monafterio D. Johannis,
vel quovis alio modo incidere poffint in manus alias mortuas,
vel in Feuda converti, fed occupentur à Laicis.*

L. *Pollicitatur Rev. Princeps, fe neque Vectigalia nova,
aut telonia ad Vias, Pontes, (Zölle Brucken-noch Weg-
gelter) indicturum, quæ quovis modo Toggiis gravamini
effe poffint, aut præjudicio, neque indicta hactenus ad altio-
rem gradum evecturum.*

Dddd 2 LI.

LI. *Volunt jura Toggii, ut quilibet propriis fuis bonis abfque detractu migret, quocunque lubet : bona verò quod attinet hæreditario jure, vel alio, acquifita, de iis detractus folvi, ejufque media pars fifco Principis, Provinciæ altera inferri debet.*

LII. *Pari modo folvi debent jura indigenatus, mediâ unâ parte fifco Principis, alterâ Provinciæ adjudicatâ ; quo ipfo tamen nihil præjudicatur introitui folvendo illi Communitati, cui novus indigena accedere in animo habet.*

LIII. *Quæ propter Toggium folvuntur Penfiones, mediâ fuâ parte Principis, alterâ Provinciæ fifco inferuntor.*

LIV. *Portio illa, quæ Provinciæ eft, neutiquam in ufum cedat hujus illiusve facri cultus, fed quidem in communem & civilem Provinciæ.*

LV. *Nulla, nifi gravi urgente neceffitate, nova erigantur molendina, neque Fabrorum Ferrariorum officinæ, neque olei prefforiæ, neque Balnearia. Si quis horum quidpiam defideret, quifpiam vero alius id vel non neceffarium, vel fibi onerofum reputans fefe opponeret, examini fubjiciet accurato Forum & neceffitatem, & quod prætenditur onus, enuntiatio autem fub juramenti fide facta deferenda eft ad Principem, cujus eft, Privilegia circa talismodi ftructuras largiri : abfque quod ftructuræ veteres novis graventur oneribus.*

LVI. *Diverforia privilegiata* (die Taverne - Wirthshaüfer,) *quod attinet, inquiretur eorum numerus, locus, & neceffitas à Præfecto & judicio Provinciali, item quid quodvis Principi recognitionis loco folvendum habeat quotannis, quod tributum uti nec intendi, neque Religionis ulla diverfitas in confiderationem venire debet.*

LVII. *Feuda infcriptione renovanda* (die Einfchreib-Lehen) *quæ diplomate Feudali non opus habent, non redduntur caduca, licet cliens fiduciarius confuetam receptionem prætermittat : mulctetur autem talis pro prima vice duplatione Laudemii : poftea verò quoties hic neglectus contigerit cunque, multæ loco petendus pro rata poffeffionis ratione centefimus florenus.*

LVIII.

LVIII. *In omnibus prædictis caufis forenfibus ficuti Dy-nafis, Mofnangenfi, Eppenbergenfi, Magdenovienfi, Kry-novienfi, (* denen Particular Gerichts Herren, Moßnang, Eppenberg, Magdenau, Krynau:) *& fi qui fuerint alii, partium nunc pacifcentium munere haud defuncti, fua fin-gulis jura authentica folenniter refervantur, iifque nihil præjudicio ftatutum, ita in omnibus his Dynaftiis, ubi fi-multaneum eft Religionis exercitium, modo fub aliis puncis jam explanato obfervari debent jura, & paritas Religionis.*

LIX. *Refervantur item expreffis terminis oppidi Lucis-fteigæ jura & privilegia fingularia, fuis diplomatibus, & confuetudine antiqua fundata: hac quidem lege, ut & Scul-teti munus utriufque religionis civibus fit alternum, eadem-que paritas in ordinatione Senatus, Fori civilis, aliifque officiis obfervari debeat.*

LX. *Quod fi & his illisve Communitatibus, vel etiam pri-vatis, fua forent fingularia jura, in præcedentibus articu-lis haud memorata, diplomatibus firmata, manebunt & hæc illibata, atque illæfa.*

LXI. *Omnes Sententiæ, & Decreta à quibufcunque fo-ris, qualitercunque conftitutis, ad hunc ufque diem facta, privatæ item conventiones abfque præjudicio tertii trans-actæ, in fuo manebunt & pleno quidem vigore, abfque quòd vel aboleri, vel immutari queant: atque proin decifa quæ-vis ftabunt decifa, iis duntaxat cafibus exceptis, quibus Ab-batiæ jura vel fundos fortè tetigiffet judex. Approbantur item & confirmantur rationes circa impenfas durante pro-ceffu & motibus bellicis factas initæ, eo modo, quo exami-ni eas fubjecit, & ratificavit Senatus Provincialis, ita ut abfque ulteriori vel inquifitione vel obftaculo in difpertien-dis iis locum habeant præter morem receptum Conventiones & Sententiæ de Annis 1513. & 1514.*

LXII. *Plena tandem fancitur & rata habetur ex omni par-te Amneftia, feu æterna omnium earum rerum oblivio, quæ inde à primordio litium exortarum, & durantibus bellicis motibus, ad hunc ufque diem cunque acta fuere, ut non fub ullo prætextu ulli vel quoad corpus, vel bona, memoratis*

Dddd 3 *de*

*de caufis, actio intentari unquam poffit. Multas quod con-
cernit & impenfas, quæ cives Sex Wattwilanos, Vexilli-
ferum Pöfchium, hujus filium Jacobum Pöfchium, Apparitorem totius provinciæ Germannum, & hæreditatem Kel-
lerianam attinent, abolentur illæ & eraduntur penitus, ut
nemo non indigenarum poffeffionibus fuis in familia fua libe-
rè & tranquillè frui queat.*

LXIII. *Caufam Religionis quod attinet, & tranfactiones
circa eam,* (den Religions oder Landsfriden) *conceditur
duntaxat, in univerfo quidem Toggio, cultus Romano-Ca-
tholici & Evangelici exercitium, idque plenarium, & liber-
rimum, in omni utriufque cultus parte, cum omnibus de-
pendentiis, ut nemo unquam hos illosve turbare poffit.*

LXIV. *Quemadmodum autem Evangelici, Romano-Catho-
lico-cultum, Ritus, Ceremonias, aliaque inde pendentia,
quoad modum, formam, ordinem, circumfcribere, aut illis obftaculo effe non poffunt: ita neque aliis conceditur, Evan-
gelicos turbare in fuo cultu, Ritibus, Ceremoniis, & aliis
rebus inde pendentibus, aut modum, formam vel ordinem
præfcribere, vel quoad dies feftos, prouti à Catholicis ob-
fervantur, illis incommodo effe: ut quoad Dogmata confef-
fioni Helveticæ porrò adhærere, & ritus nunc ufitatos fervare poffint.*

LXV. *Ordinabuntur horæ cultui facro dicatæ, ubi id nondum effectui datum, abfque morâ: & gravi pœnâ fancitur,
ut nemo alterum pro cathedrâ, vel aliâ quavis occafione,
propter Religionem conviciis aut maledictis profcindere
poffit.*

LXVI. *Conceditur paftoribus Evangelicis & Confiftoriis ne-
ceffaria Difciplina Ecclefiaftica, quatenus ea confiftit in
conftitutione, & feria ad vitæ correctionem admonitione:
ita tamen, ut hoc difciplinæ exercitium haud tranfeat in ju-
rifdictionem. Injungitur iifdem fedula cura fcholarum, ut
in iis proficere poffit tenera ætas non folum legendo, fcriben-
do, & cantando, fed & circa principia Religionis, & fidei
articulos benè erudiri.*

LXVII.

LXVII. *Paſtores Evangelici non viſitabuntur, niſi a ſuæ Religionis ſociis; neque amandabuntur ad præbendas alias inviti, quam diu quidem cœtibus ſuis doctrinâ purâ & vitâ devotâ præſunt. Omittenda quoque poſthac phraſis juramento hactenus inſerta,* Principi obedire in omnibus, dem Fürſten in allem gehorſam zu ſeyn.

LXVIII. *Viduis & pupillis dandi tutores ſuæ Religionis, quorum ut & proximè cognatorum curæ educatio committenda.*

LXIX. *Sicubi hujus illiusve Religionis aſſeclæ propriis ſumtibus nova templa erigere, vel præbendas fundare in animo habent, licitum hoc illis eſto: præmiſſa inter utriuſque cultus Socios conventione amicabili circa ſtructuram templi veteris: Diſſidentes verò in contrarias partes conciliare poterunt viri quatuor probi, ex utraque parte ſcilicet ad hunc finem rogati bini: diſperſis & his arbitris in paria vota, poterit horum quivis proponere tertium, qui probatæ ſit fidei, & à partium ſtudio remotus: ex his autem noviter accedentibus unus eſt ſorte pro arbitro ſeligendus, qui pro litis terminatione alterutram ab arbitris latam ſententiam ſub fide juramenti ſeligendam habet, meliorem nempe ſibi viſam. Licitum quoque eſto alterutri Religioni ſtructuram quampiam Templi cultui utrique communem ampliare, ſed propriis ſumtibus, & abſque alterius Religionis vel præjudicio, vel damno.*

LXX. *Ordinatio & diſpartitio bonorum Eccleſiis & Præbendis deſtinatorum* (Kirchen und Pfrund-Güter) *manebit in poſterum talis, qualis vel olim, vel durante hac Pacis negotiatione facta, ut poſthac nullæ ampliùs vel diviſiones talium bonorum, vel novæ conventiones locum habere poſſint.*

LXXI. *Si quæ Reformatæ Religionis perſona pro matrimonio promiſſo ſervando poſtuletur, vel maritata gravium cauſarum prætextu Divortium petat, tentabunt Decanus, Paſtor, & Politici Aſſeſſores Synodi, in unum congregati, cauſas poſtulationis factæ, vel etiam Divortii quæſiti amicè conciliare: dabunt autem, hac conciliatione fruſtra*

ten-

tentatâ, sententiam definitoriam & ultimam, ita tamen, ut res mulctâ vel pœnâ dignæ ad competentem deferantur Judicem.

LXXII. *Mulctæ pro dispensatione in tertio cognationis gradu erogandæ circumscribuntur ita, ut qui incirca quinquies mille, vel plures possident florenos, solvendos habeant quinquaginta: viginti, qui in potestate habent millenos, & ultra ad quinquies mille: pro rata, quorum bona ad millenarium florenorum numerum non adscendunt; pauperes verò tractandi sunt clementer.*

LXXIII. *Synodus Toggii Evangelica in hoc, quo nunc est, statu consistet porrò, tractabit autem ea, & sola quidem, res Religionis & Ecclesiæ juxta normam statutorum, quibus nunc gaudent, Synodalium.*

LXXIV. *Jus Patronatus circa præbendas manebit tale, quale dant diplomata, Privilegia à Principe agnita, & consuetudines. Gaudebunt & Romano Catholici Toggii aliis, quàm quidem sit, juribus, si quid pro se intra trium abhinc annorum spatium demonstrare poterunt.*

LXXV. *Vacante in Toggio præbendâ quadam Evangelicâ, & Principe vel hujus Præfecto de hac re certiore, ut quidem decet, reddito, cœtus absque impedimento ullo seligere sibi potest Pastorem in una ex civitatibus Evangelicis, qui quidem in una ex quatuor civitatibus Helvetiæ Evangelicis sit pro Ministerio examinatus, atque ad id admissus, huncque unà cum probæ vitæ testimoniis Principi hujusve Præfecto ad confirmandum præsentare; additâ hac cautione, ut ex uno Cantone admittatur nisi tertia omnium pars: Eandem tertiam partem explere poterunt Toggii ipsi, si qui adsint, Ministerio apti, lege ante expositâ examinati, & ad Ministerium admissi.*

LXXVI. *Sancitum porrò est inter partes, ut obtentâ Pacificationis hujus ratificatione, illa protinus detur effectui, & homagium subsequatur. Quod si verò post executionem hujus Pacti, circa hoc ipsum, & puncta in eo contenta, insperatæ oriantur simultates atque dissensiones, seliget pro terminatione litium Princeps tres ex tredecim Helvetiæ*

Can-

Cantonibus, & Toggii tres alios, quibus sex, observatâ Religionis & votorum paritate, incumbet, aut conciliare partes dissentientes amicabili modo, aut juridicâ viâ, pro antiquo Helveticæ gentis more, litem dirimere, si amicæ compositioni nullus sit locus. Cautum inprimis esto, in omnibus inter Principem & Toggios orituris forte causis controversis, nemini permissam fore viam facti, sed quidem observandum modum vel amicæ compositionis, vel juridicæ definitionis, nec ad interim mutandam rerum faciem inde ab hac præsenti pacificatione.

LXXVII. Pacem Religionis quod attinet in Jurisdictionibus magis minusve bassis Principi Sancto Gallensi in Landgraviatu Turgoviæ & Vallis Rheguscæ subjectis, observari ea debet eodem præcise modo, quem præscribit Pacificatio religiosa inter Cantones A°. 1712. Aroviæ facta, ita ut omnes in hac sanciti articuli, prouti nunc sunt introducti, non excepto ullo, pro præsenti & futuro, plenum vigorem à partibus nunc paciscentibus nanciscantur.

LXXVIII. Non habent iidem, quod quidpiam ullo sub prætextu sumtuum Bello nupero impensorum solvant, hoc ipso tamen nil præjudicatur creditori cuivis legitima debitorum suorum jura prætendenti. Extendit se ad eosdem subditos plenaria amnestia omnium eorum, quibus inde ab initio Belli præteriti ad hunc usque diem fortè contra Principem peccârunt, ut nemo hac de causa vel verbis lacessiri, vel actionibus infestari possit.

LXXIX. Præfecturas quod attinet extra memorata Judicia sitas, quales sunt oppidum & Præfectura Wilensis (Statt und Amt Wyl) Rorschacensis, Gossoviensis, und das Hofmeister Amt, immunes & harum subditi sunto ab impensis bellicis, amnestiæ plenæ participes, quo ipso tamen reservantur iterum creditoribus legitimæ suæ prætensiones, harumque jura.

LXXX. Præsupposito, nil egisse Dⁿⁿ Intendentes (qui partim Wilæ, partim S. Galli nomine Cantonum Tigurini & Bernensis sceptrum tenuere) quod vel juribus, vel fundis principis præjudicio esse possit, statutum quoque, ut illorum

& *aliorum Tribunalium fententiæ interea temporis latæ, &*
quicquid controverfi vel amicè compofuerunt, vel juridicâ
viâ terminarunt, ratum maneat & firmum. Quicquid item
terrarum ex feudo fuit coëmtum, & ftructuræ Templi Evan-
gelici in Schönholtzerswylen, & *pro appartenentiis fuit im-*
penfum, falvo emphytheufeos jure, in reliquis fundis quæ-
rendo.

LXXXI. *Infecutâ Pacificationis hujus ratificatione, pro*
qua cuique parti fpatium binorum menfium conceditur, dece-
dent Cantones bini de Poffeffione Provinciæ veteris, Judi-
ciorum Turgoviæ & Vallis Rhegufcæ, omnium inde penden-
tium Immunitatum ac Jurium, omnium item redituum, u-
furarum, decimarum, cenfuum, aliorumve jurium, intra
extrave terras fubditas, eo planè modo, quo hæc omnia pof-
federunt ipfi, poffidentque adhuc, Principique Sancto-Gal-
lenfi extradent: Excipiuntur ea, circa quæ in præfenti tra-
ctatu aliter difponere vifum fuit.

LXXXII. *Toggiis, poftquam omni in hoc tractatu ftipula-*
ta effectui dederint, eò quidem ufque, ut Senatum Provin-
cialem, cum fua quota Judicum pro Foro appellationis, an-
te homagii præftationem nominaverint, prælegetur in ipfo
actu folenni homagii, à Principe intra quatuordecim à rati-
ficatione dies fufcipiendi, in concionem nempe congregatis,
Pacificatio hæc unâ cum Ratificatione, quo facto obftringent
fefe jurejurando ad obfequium erga Principem, & denomi-
nabit Princeps intra tres dies proximè fequentes Officia-
les, Judices Provinciæ ac Appellatorii Fori: Redibitque
adeò Princeps & Abbas Cœnobii Sancto-Gallenfis ad tranquil-
lam, & pacto conformem, Comitatus Toggii poffeffionem:
manus dantibus binis Cantonibus.

LXXXIII. *Pax nunc ftabilita, ut tantò effet firmior & du-*
rabilior, neve occafione litium (quas DEVS clementer a-
vertat!) inter vicinos ftatus fortè emergentium quoquo mo-
do debilitaretur, obligant fefe Canto Abbatifcellanus Extra
Rodanus, Princeps & Abbas Sancto Gallenfis & Civitas
Sancto Gallenfis, pacto mutuo promifforio, bonâ fide Helve-
ticâ, & expreffis terminis, ut neutra pars erga alteram,
qua-

qualemcunque ob caufam viâ facti, vel hoſtiliter procederé velit : Exorientibus inter hoſce ſtatus litibus circa pacta mutua, & jura in iis contenta, vel horum pactorum expli-cationem, deferet pars læfa ſive oretenus, ſive ſcriptis, pro rei natura, gravamina ſua ad partem lædentem, peten-do ſatisfactionem, modo vicinos & amicos decenti, ac præ-ſtolando reſponſum neceſſitudini atque juſtitiæ congruum: in-terim verò provocatione ad jus facta nemo procedet viâ facti, & gaudebit quælibet ex Diſſentientibus partibus iis juribus, poſſeſſionibus, & conſuetudinibus, quas habuit ante exor-tam litem: quod ſi hæ partes litigantes amicè inter ſe conve-nire nequeant, promovenda eſt res controverſa ad amicam ulteriorem compoſitionem, vel legalem terminationem, ita, ut cuilibet parti incumbat, binos ex Helvetiæ Cantonibus ſeligere pro lubitu, ut hi per deputatos Senatores & paria vota litem controverſam dirimant, abſque quod huic illive parti litiganti ulterius ſeſe opponere liceat ; habebuntque Cantones mediatores, qui vel amicè compoſuerunt, vel le-galem ſententiam dederunt, jus atque poteſtatem, tanquam vindices, obligandi partem obſtinatam, quæ ſententiæ latæ magis minusve & via facti ſeſe opponere vellet, vel amicè, vel per media fortiora mageve ſeria, tum ad ſententiæ ac-ceptationem, tum ad refundendos parti læſæ ſumtus repa-randave damna.

LXXXIV. *Conventum inter tres nunc paciſcentes Status vi-cinos, ut oblivioni æternæ tradatur pro nunc & futuro omne id moleſtiæ, tædii, atque odii, quod inter illos, & uſque huc exarſit, & inter nominatos tres Status nova fundetur, atque proporro colatur amicitia ſincera, haud fucata, ad quam ex omni parte colendam ſubditi ſeriis exhortationibus ſtimulari debent.*

LXXXV. *Abolitum vectigal in Lanquat quod concernit, manebit res in eo ſtatu, quo nunc eſt, uſque ad vel amicam compoſitionem, vel juridicam definitionem, intra annum ter-minandam.*

Partes contrahentes, Cantones nempe Tigurinus atque Bernenſis ex una, & Princeps ac Abbas, cum Decano &

Capi-

Capitulo, Sancto Gallensis ex altera parte, quemadmodum tractatum hunc pacis promittunt pro se & posteris, & bonâ quidem fide, sanctè observare in singulis articulis & integra summa, nec pati, ut ei veniatur contra: ita pariter obligant se ad mutua pro illius defensione auxilia: omnia hæc vi præsentis Diplomatis, cujus tres copiæ ejusdem prorsus tenoris expeditæ & infra subscriptorum Pacificatorum manu atque sigillis confirmatæ sunt: Badæ in Argovia, Mercurii die decimo & quinto Junii, Anno à nato Salvatore JESU CHRISTO millesimo, septingentesimo & decimo octavo.

(L.S.)   Joh. Jacobus Huldricus, *Proconsul & Ordinarii Senatus Reip.Tigurinæ.*

(L.S.)   Joh. Henricus Hirzelius, *Proconsul & Ordinarii Senatus Reip.Tigurinæ.*

(L.S.)   J. F. Willading, *Dynasta in Urthenen & Mattstetten, Scultetus Reip. Bernensis.*

(L.S.)   Joh. Anthonius Tillier, *Vexillifer & Ordinarii Senatus Reip. Bernensis.*

(L.S.)   Josephus Anthonius Pundtiner, *de Brg. Principis & Abbatis Sancto Gallensis Consiliarius & Cancellarius.*

(L.S.)   Gallus Anthonius, *Baro de Turre, Principis & Abbatis Sancto Gallensis, Præfectus in Romisshom.*

RATI-

RATIFICATIO PACIS

ex parte

Ill.^{mæ} Reipublicæ Tigurinæ.

Nos Consul, Senatus ordinarius & frequentior Civitatis Tigurinæ, notum facimus. Poſtquam noſtri in nupero congreſſu Badæ uniti Con-Senatores & Pacificatores Ampliſſimi, Conſultiſſimi & Nobiliſſimi Dⁿ. Joh. Jacobus Huldricus, Proconſul, & Dⁿ. Joh. Henricus Hirzelius, Proconſul, cum Reverendiſſimi Principis & Abbatis noviter electi Joſephi, nec non Decani & Capituli Abbatiæ Sancto Gallenſis Dⁿⁱ Pacificatoribus, convenere die 15. Jun. Anni currentis circa Articulos Pacis ad Statuum ipſorum Ratihabitionem uſque, Sanciendæ inter Ill^{mas} Reſpp. Bernenſem & Noſtram ex una parte, & Rev^{mum} Principem & Dominum Abbatem, Decanum & Capitulum Abbatiæ Sancto Gallenſis ex altera, & expeditis prius tribus ejuſdem tenoris Exemplaribus ad ſingulos tres Status, tandemque plenâ poteſtate obtentâ ſubſcripſerunt, & ſigillis ſuis confirmarunt. Nos etiam reviſione factâ & omnibus benè ponderatis Tractatum illum Pacis Divinâ favente Gratiâ ſancitum approbavimus, ratificavimus, & confirmavimus in omnibus ſuis punctis, articulis & clauſulis: approbamus in totum, ratificamus & confirmamus, pro nobis, & poſteris noſtris, ſpondentes ſub juramento Helveticæ fidei omnium in dicto Tractatu Punctorum, Articulorum & Clauſularum ſinceram obſervantiam, & fidiſſimam attentionem. In fidem hujus & ulteriorem confirmationem præſentis Ratificationis ſigillum Civitatis noſtræ ſecretum imprimi curavimus, Jovis die 11. Aug. Anno à Nativitate Salvatoris JESU CHRISTI milleſimo, ſeptingenteſimo & decimo octavo.

(L.S.)

RATIFICATIO PACIS

ex parte

Ill^{mæ} Reipubl. Bernensis.

Nos Scultetus, Senatus Ordinarius & frequentior Civitatis Bernensis, notum facimus. Postquam inter Ill. Respp. Tigurinam & nostram ex una parte, & Rev^{mum} Principem & Dominum Abbatem, Decanum & Capitulum Abbatiæ Sancto Gallensis ex altera, ortæ fuere simultates & dissensiones, eæque in apparatus bellicos progressæ in apertum erupere bellum, hoc autem amicâ conventione d. 5. Jan. Badæ cæpta, 5. Maji reassumtâ, favente Divinâ Gratiâ, per Deputatos illuc D^{nos} Plenipotentiarios fuit sopitum, articulis Pacis ad ratificandum chartæ consignatis, & d. 15. Jan. anni currentis subscriptis, ac sigillo firmatis, approbavimus nos, ratificavimus, & confirmavimus memoratum Pacificationis Tractatum in omnibus suis punctis & articulis, atque integrâ summâ. Omnia autem hæc vi præsentis Ratificationis pro ulteriori confirmatione sigillo civitatis nostræ muniuntur d. 12. Aug. 1718.

(L. S.)

RATIFICATIO PACIS

ex parte

Rev^{mi} Principis & Abbatis, Decani & Capituli Abbatiæ Sancto Gallensis.

Nos DEI Gratia Josephus, S. Romani Imperii Princeps, Abbas Cœnobii Sancto Gallensis, quod immediatè Sedi Sanctæ Romanæ est subjectum, Benedictini Ordinis, Annuntiationis Divæ Virginis Mariæ Eques &c. Nosque Decanus & Capitulum Abbatiæ Sancto Gallensis notum facimus omnibus. Postquam pro sopiendis motibus bellicis, & terminandis dissensionibus, inter Ill. Cantones Tigurinum, atque Bernensem ex una, & Nos ex altera parte Badæ inchoata d. 5. Jan. currentis anni, & 5. Maji reassumta Pacificatio per nostros hunc in finem Deputatos & plenâ potestate instructos eò usque fuit deducta, chartis consignata, tandemque 5. Jun. subscripta, & sigillis munita, ut non deesset nisi ultima nostra Ratificatio; Nos nunc Tractatum illum Pacis in omni articulorum summâ in solidum approbamus, ratihabemus, & confirmamus, vi propriæ nostra manus subscriptionis, atque sigillo Abbatis & Capituli. Data hæc & Acta in Castello nostro Neü Ravenspurg. d. 5. Aug. 1718.

Josephus Abb.
(L.S.)

P. Jodocus Decanus.
(L.S.)

Operæ pretium dueo, adnectere huic Itineri consectaria, quæ ex observationibus meis circa Aëris Dilatationem Actis Societatis Regiæ Scientiarum 1711. p. 156. inseruit Celeberr. Maraldi.

Nota

Nouvelles Experiences fur la Dilatation de l'air, faites par Mᴿ SCHEUCHZER, fur les Montagnes des Suiffes, avec des Reflexions par Mᴿ MARALDI.

Mr. Scheuchzer a envoyé à Monfr. L'Abbé Bignon plufieurs Obfervations fur la Dilatation de l'air, qu'il a faites fur les Montagnes des Suiffes pendant le mois de Septembre de l'année 1710.

Nous avions prié Mr. Scheuchzer de faire ces Obfervations pour connoiftre fi à ces grandes hauteurs l'air s'y dilate avec la mefme proportion, qu'il fe dilate prés du Niveau de la Mer. Il a obfervé avec un Tube long de 33. pouces du pied de Paris, & de deux lignes de Diametre à fept ftations differentes, la hauteur du Mercure dans le vuide, & il a fait à chaque ftation les Obfervations ordinaires de la dilatation de l'air, en laiffant dans le Tube premierement trois pouces d'air naturel, aprés fix, ainfi de fuite, de trois en trois pouces jufqu'à trente. Il a mefuré exactement en pouces, en lignes & en parties de lignes la hauteur où le Mercure reftoit dans le Tube aprés la dilatation, de mefme que l'etendue qui occupoit l'air dilaté aprés le renverfement.

Dans la plus baffe de ces ftations le Mercure eftoit fufpendu dans le vuide à 26. pouces 7. lignes ½. Dans la plus haute il étoit à 21. pouces, 6. lignes, de forte que la difference de hauteur du Mercure dans le vuide à été de 5. pouces. Pour connoiftre, fi la regle ordinaire avec laquelle l'air fe dilate parmi nous, eft conforme aux Obfervations de Mr. Scheuchzer, j'ay calculé fuivant cette regle l'efpace que l'air devoit occuper dans le Tube aprés la dilatation, j'ay fait ce calcul pour toutes ces Obfervations, & j'ay comparé l'un avec l'autre dans une Table à part.

Il paroit par cette comparaifon, que le calcul ne s'accorde avec les Obfervations que dans la dilatation qui

repond

repond aux trois premieres pouces d'air naturel. Dans les autres la dilatation que l'air par l'Observation est moindre que par la regle jusqu'au 18. pouce d'air Naturel, où la dilatation observée s'accorde à une ou deux lignes prés avec celle qui est calculée par la regle. Depuis le 18ᵉ. pouce jusqu'au 30ᵉ. d'air naturel la dilatation observée est toujours plus grande que la calculée, au contraire de ce qui s'est trouvé dans les premiers 18. pouces. Le plus grand exces du Calcul sur l'Observation qui s'est trouvé au 9ᵉ. & au 10ᵉ. pouce est de 8. à 9. lignes, & le plus grand defaut du calcul à l'egard de l'Observation est de 10. à 11. lignes, qui repond au 24ᵉ. & au 27ᵉ. pouce d'air naturel. Ce qui fait voir qu'à les grandes hauteurs l'air ne s'y dilate pas avec la mesme regle qui s'observe proche du niveau de la Mer: & par conséquent qu'elle n'est pas generale pour toute l'étenduë de l'air qui est dans un mesme climat.

Nous avons remarqué dans les Memoires de l'Academie de l'année 1709, que cette regle ne s'observe pas non plus à l'egard de l'air situé à peu prés à la mesme distance du niveau de la Mer, dans un autre climat fort different du nostre, comme est celuy de Malaca dans les Indes Orientales. Dans cet endroit par des Observations semblables à celles de Mʳ. Scheuchzer trois pouces d'air naturel, aprés la dilatation ont occupé dans le Tube un espace de 7. pouces 5. lignes, au lieu que suivant la regle il devoit occuper 9. pouces 6. lignes ½. La difference entre l'Observation & la regle est de deux pouces une ligne, six pouces d'air naturel, aprés la dilatation ont occupé 10. pouces 9. lignes, par la regle, la dilatation devoit etre 13. pouces 3. lignes, la difference est deux pouces 5. lignes; donc la dilatation observée est moindre que la calculée. Il en est de mesme des plusieurs autres Observations faites à Malaca, & calculées dans ce Memoire; Ce qui fait voir dans l'air de Malaca une dilatation bien differente de celle qui arrive au nostre, & mesme plus grande que celle qui resulte des Observations de Mʳ. Scheuchzer.

Il y a quelque conformité entre les Observations de Malaca

laca

laca & celles de Zuric. A Malaca, où la dilatation de l'air
est fort differente de celle qui s'obserue à Paris, la variation
du Mercure dans le Barometre est plus petite qu'à Paris. Il
en est de mesme des Obseruations de Zuric, la dilatation
de l'air se fait d'une maniere differente qu'à Paris, & la
variation du Mercure dans le Barometre est plus petite
que celle qui arrive à Paris & à Gennes. Il est vray
qu'à Malaca la dilatation se fait d'une autre maniere,
qu'elle ne se fait à Zuric: car à Malaca la dilatation obseruée est toujours plus petite, que celle qui resulte du Calcul, au lieu que par les Obseruations de Mr. Scheuchzer la
dilatation obseruée est plus petite, que la calculée, jufqu'à un certain terme, ensuite elle est plus grande. C'est
une chose digne de remarque, dans le lieu le plus bas
où Mr. Scheuchzer a fait ses obseruations, la dilatation
de l'air se fait d'une maniere differente de ce qu'elle se fait
à Paris, quoy qu'entre ces lieux & Paris il n'y ait qu'une
difference de hauteur qui repond à environ deux pouces
de Mercure dans le Barometre, & cependant l'air se dilate de la mesme maniere dans les stations où Mr. Scheuchzer a obserué, quoy qu'entre le lieu le plus bas & le plus
haut de ces Obseruations il y ait une difference de hauteur,
qui repond à plus de cinq pouces de Mercure, d'où l'on pour-
roit inferer, que dans un mesme climat l'air proché de la
surface de la terre change sensiblement dans une petite hauteur, & qu'il est plus uniforme dans une grande étenduë loin
de la surface de la Terre.

Mr. Scheuchzer ayant fait des Experiences dans une mine d'acier où l'air estoit chaud, à cause du grand feu qu'on
y faisoit pour fondre la mine qui est fort dure, a trouvé
dans cette mine la hauteur du Mercure dans le vuide &
la dilatation de l'air la mesme que celle qu'il a trouvée par
des Obseruations faites au mesme endroit hors de la mine &
à l'air libre, ce qui s'accorde avec les experiences rappor-
tées dans les Memoires de l'Academie de 1709. par lesquel-
les il paroit qu'une grande chaleur comme est celle de l'eau
boüillante ne fait pas varier sensiblement la dilatation de
l'air.

Illu-

Illuſtrabit hæc porro ſequens Tabula.

Altitudo Mercur.	Weſen.	Tigurum.	Fodinæ Chalybis Sarunet.	Auf Enneſewen.	Auf Scherff.	Auf dem Blattenſtock.
	26.dig. 7.lin.	26.dig. 4.lin.	24.dig. 4.lin.	23.10.	21.8.	21.6.
	Digiti Aëris dilatati.					
	Dig.lin.	dig.lin.	dig.lin.	dig.lin.	dig.lin.	dig.lin.
3	11.11¼.calc. 12.1.obſ.	12.3.C. 12.6.O.	13.1.C. 13.1.O.	13.6.C. 13.6.O.	14.8.C. 14.6.O.	14.7.C. 14.6.O.
	1¼.diff.	3.diff.	0.diff.	0.diff.	2.diff.	1.diff.
6	15.6.C. 15.3.O.	15.10¼.C. 15.7.O.	16 4.C. 16.1.O.	16.7.C. 16.4.O.	17.6.C. 17.3.O.	17.6.C. 17.3.O.
	3.diff.	3.diff.	3.diff.	3.diff.	3.diff.	3.diff.
9	18.4.C. 17.8.O.	18.7.C. 18.0.O.	19.0.C. 18.5.O.	19.2. 18.7.	20.1.C. 19.6.O.	20.1.C. 19.6.O.
	8.diff.	7.diff.	7.diff.	7.diff.	7.diff.	7.diff.
12	20.9.C. 10.0.O.	20.11.C. 20.3.O.	20.10.C. 20.7.O.	21.4.C. 20.9.O.	22.0½.C. 21.6.O.	21.10.C. 21.⅐.O.
	9.diff.	8.diff.	3.diff.	7.diff.	6.diff.	5.diff.
15	22.8.C. 22.3.O.	23.0½.C. 22.6.O.	23.2.C. 22.9.O.	23.3.C. 22.9.O.	23.3.C. 22.9.O.	
	5.diff.	6½.diff.	5.diff.	5.diff.	6.diff.	13.4½.O.
18	25.0.C. 24.10.O.	24.9.C. 24.8.O.	25.0.C. 24.10.O.	25.2.C. 25.0.O.	25.4.C. 25.3.O.	25.6.C. 25.3.O
	2.diff.	1.diff.	2.diff.	2.diff.	1.diff.	3.diff.

Aër ordinarius in Tubo relictus.

Alti-

Altitudo Mercur.	Wesen.	Tigurum.	Fodinæ Chalybis Sarunet.	Auf Ennesewen.	Auf Scherff.	Auf dem Blattenstock.
21	26. 4. C. 26. 8. O.	26. 7½. C. 27. 0. O.	26. 8. C. 27. 0. O.	26. 8. C. 26.10. O.	26. 11. C. 27. 1. O.	27. 1. C. 27. 3. O.
	4. diff.	4½. diff.	4. diff.	2. diff.	2. diff.	2. diff.
24	28. 0½. C. 28. 8. O.	28. 2. C. 28.11. O	28. 2. C. 28.10. O.	28. 3. C. 28.10. O	28. 5. C. 29. 0½. O.	28. 4. C. 29. 0. O.
	7½. diff.	9. diff.	8. diff.	7. diff.	7½. diff.	8. diff.
27	29. 7. C. 30. 5. O.	29. 11¾. C 30. 7½. O.	29. 7. C. 30. 6. O.	29. 6. C. 30. 5. O.	29. 9. C. 30. 6. O.	29. 8. C. 30. 5. O.
	10 diff.	8. diff	11. diff.	11. diff.	9. diff.	9. diff.
30	31. 0. C. 30. 8. O.	31. 2½. C. 31.10½. O.	31. 0. C. 31. 6. O.	30. 0. C. 31. 8. O.	31. 1. C. 31. 8. O.	31. 0. C. 31. 6. O.
	8. diff.	8. diff.	6. diff.	8. diff.	7. diff.	6. diff.

JOHANNIS JACOBI SCHEUCHZERI,

Tigurin. Med. Doct. Math. Prof. Acad. Leopoldino-Carolin. & Socc. Regg. Anglic. ac Pruffic. Membr.

ΟΥΡΕΣΙΦΟΙΤΗΣ
HELVETICUS,
SIVE
ITINERIS ALPINI
Defcriptio Nona,

ANNI M D C C X I.

Nunc primum Edita.

La Ville de MELLINGEN, en Suisse.

A. Maison du Commandeur.
B. Eglise Paroissiale.
C. Maison de Ville.
D. Ober Thor.

ITER ALPINUM NONUM,

ANNI MDCCXI.

Die 23. Maji bono mane Tiguri difcefferunt mecum Nob. Juvenes *Conradus Gofsweiler, Ro-*
dolfus Lavater, Cafparus Meyer, Andreas
Meyer. Prandium fumfimus in oppido *Mellin-* Mellingen.
gen, quod peculiaribus gaudet juribus fub protectione VIII. Cantonum veterum, ad quos pa-
tet appellatio. Ipfum hoc oppidum Senatum habet 18. virorum,
quorum II. inclufis duobus Scultetis, conftituunt Senatum minorem: Scultetos eligit civitas, reliquos Senatores eligit ipfe
Senatus. Alternus eft Scultetorum ordo per annos. Oppido
huic fubeft Pagus *Dägeren* cum Villa Bütfchikon. A vecti-
gali pro ponte folvendo exemti funt pagi vicini *Rordorff, Ni-*
der Rordorff, Wislifpach, Dägeren, Wolenfchwyl, Uti-
kon, tenentur tamen, ea quæ in ponte & viis deficiunt, re-
parare. Civitas tota ferè componitur è viris 125.

In *Megenwyl* pago celebris eft lapicidina, inprimis pro fon- Megenwyl.
tium Cifternis; hic reperias variæ magnitudinis *Gloffopetras*,
advecta mihi quoque non ita pridem funt *offa foffilia* petre-
facta.

In Lapicidinis *Lentzburgenfibus* reperiuntur quoque *Glof-*
fopetræ & Pectunculi lapidei.

Ruperti villa, Rupertswyl, diverticulum nobis fuit femi- Ruperti
horæ ad dextram; hîc autem confpectui fiftere cupiebamus or- villa.
ganum

ganum Pneumaticum à ruſtico inventum , quod varii generis aves ſiſtit ſingulas proprio ſibi cantu auditores , delectantes, Bernam nunc adductum, ut ibi exponeretur.

D. 24. Sacræ ſynaxi conſacravimus matutinas horas, quibus finitis & prandio ſumto, Aroviæ diſceſſimus.

In Curia Arovienſi tabula ſuſpenſa inſignia portans Nobilium de Rore cum hac ſubſcriptione :

Wapen der Edlen Graffen van Rore als Stifteren diſes hauſes. Landulus ein Graff Zuo und von Rore lebt und regiert umb das jahr 860. Erneſtus Graff von Rore A°. 900. von diſen Graffen hat die Statt ihren anfang genommen , an welchem ohrt die alte veſte Rore , darinn die Graffen gewohnt , geſtanden , daraus darnach das Rathhausgemacht worden. Nach abgang diſes Graffen kam die Statt an das Haus Habſpurg , von Rapdone A°. 1030.

Solodorum.   D. 25. Solodori humaniſſime excepti ab Ill.mo & Exc°. Chriſtianiſſimi Regis Oratore Comite du Luc , cujus prandio intereſſe licuit Societati noſtræ.

Quartâ vix horæ parte ab urbe Sacellum eſt Divæ Catharinæ Sacrum , cujus muro inſerta viſitur Inſcriptio ſequens :

    D. M. M.
    LILIA PRONIMA.
    IVGENIAE MARCELLI
    NAE STATILI PATERN

In templo S. Urſi legitur :

    VENERABILIS TVMBAE S. VRSI
    SVB ALTARI CHORI ANNO DO-
    MINI 1519. INVENT. VETVS TEGMEN.

In templo Jeſuitarum , quorum Bibliotheca numero æquē ac qualitate librorum admodum eſt macra, Epitaphium legitur ſequens:

STA

La Ville d'ARAW, en Suisse.

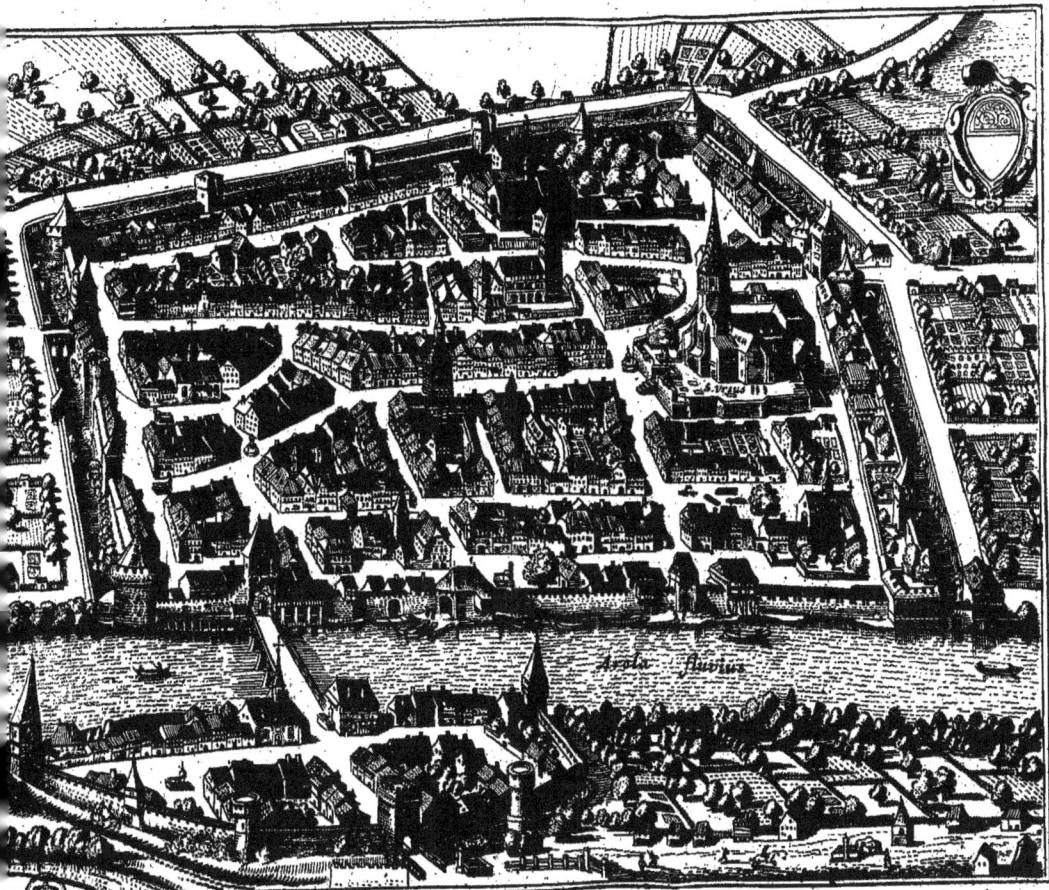

La Ville de *SOLOTHURN, en Suisse.*

comme elle a été ci-devant.

STA VIATOR
IACET HIC PRAENOB. DOM. CAPIT.
IOHANNES VICTOR SVRI
SENATOR VIGIL. ET ARM. PRAEFECTVS
FVIT PRAETORVM FILIVS NEPOS PRONEPOS
INTER DIVITIAS INTEGER
INTER DELICIAS VIRGO
INTER ARMA RELIGIOSVS
VERE ROSA INTER SPINAS
VIXIT ANNOS LVI.
AT NON NISI DEO ET PATRIAE
TEMPLIS PATRONVS, MISERIS ASYLON
MAIORVM GLORIA, FAMILIAE GEMMA
POSTERIS EXEMPLVM
TEMPLVM HOC ILLIBATAE VIRGINIS
HONORIBVS DIE VIII. DEC. INITIATVM
MVTAVIT IN SEPVLCHRVM
ET RELICTIS CINERIBVS IN COELVM ABIIT.
DIE XII. DECEMB.
PhœnIX æVI sVI.
Patriæ TotIVs DeLICIVM
SVSPICE VIATOR ET SEQVERE.

Die 26. appuli *Bernam*, ubi ante omnia confideratione mea *Berna* dignum judicavi perrarum Fulminis nuperi Phænomenon, cujus defcriptio fequens.

Die 20. Maji vefperæ horam inter 7. & 8. inter medios effufos imbres feriit Fulmen Turrim in media ferè urbe fitam, deftinatam pro carceribus, unde & *der Kefichthurn* dicitur, cum vicinis ad dextram & finiftram ædibus Turri contiguis. Primus ictus perterebravit tubum ferè Cylindricum è ferro, ut vocant, albo conftantem, cui fupremus infiftit globus, Turris ipfius apex; facta eft autem perterebratio ftatim infra Globum, non autem recta poftmodum defcendit, fed fpirali ferè ductu primum tubum aperuit, dehinc in turris ipfius contignationem tanto impetu fe demifit, ut omnes ex 4. hædris tecti tegulæ fuerint excuffæ fedibus fuis, & in plateam proftratæ, cupreæ laminæ, quibus peribolus infra campanam erat tectus,

ctus, à ligno, quod ambiebant, folutæ. In tabula Horologii
fuperiori feu Occidentali numerus IV. veluti deletus, & tabula ipfa in imo margine veluti in fpiram convoluta : in tabula
Orientali numerus V. pariter deletus, & utrobique fpatium fat
largum veluti fumo denigratum. Porta denique ima lignea
Turris in angulo perforata. Ad feptentrionem adftat Turri
domus Dⁿⁱ Præfecti *Eckeri*, poffeffore & domefticis omnibus
ἀγαθῇ τύχη vacua, hujus conclavia penè omnia pervafit fulmen ingreffum per angulum Turri proximum in contignationem fupremam, ubi faxa ingentia per totam conclavis latitu-
dinem fuere fedibus fuis mota, diffracta, lignea varia, fup-
pellectilia in mille frufta difcerpta, intactis lectis, libris,
Cannabi ex tabulato fuperiori copiofe fufpenfa, aliaque materia facilè inflammabili: Inde in contignationem defcendit proximè inferiorem, & hic pariter excuffit è faxis fragmina, feneftras, ut in fuprema, diffregit, maculam latam fatis in Muro
& tabulato reliquit nigram ; laminas è capfis ligneis partim
diffregit, partim folvit; abhinc defcendit in inferiorem contignationem, ubi feneftras rurfum magna ex parte diffregit,
vafa culinaria in terram proftravit, in adjacente cubiculo ci-
ftulam ligneam & fpeculum in mille frufta diffregit, calceos
aliaque in menfa repofita in altum fublevavit, & in fuperlimi-
nari depofuit, Chartulas diffectas, & fragmina lignea fiffuris
tabulati fuperioris infixit.

In Orientali domus hujus parte quæ funt conclavia, ab ef-
fectis fulminis fuère libera, fcala cochleari faxea excepta, quæ
paffim à Fulmine per angulum Muri ingreffo læfa fuit. In in-
fima Vafi domus affer inventus diffractus. In adjacenti domo
Wagneriana lignea vafa varia fuère quoque difcerpta.

Ad Meridiem quinque confecutivæ Ædes Fulminis pene-
trantiffimi effecta funt paffæ.

Prima, Turris eft additamentum, & conclavia continet
captivis coërcendis deftinata: in horum uno bini erant detenti,
quorum uni vita fuit extincta ; In cadavere extincto obferva-
tum, capillos cum barba fuiffe igne aduftos, uti quoque ve-
ftes: ventrem tumidum, regionem umbilicalem aduftione de-
nigratam, unde litura nigra ad extremos in pedes fuit protenfa,

fa, alteri vifus ademtus à fulgore nimio, qui nunc fub manibus eft Medicorum, & feliciter videtur reftitui. Feneftræ in
aliis ædibus fuere difruptæ, plumbo paffim in particulas di-
fperfo. Secunda eft - - - - Tertia viduæ *Hacbrettianæ*,
has duas fine notabili damno trajecit, & fragmina duntaxat
faxi decuffit. Quarta eft FabriFerrarii, cujus imam officinam
per murum penetravit Fulmen, & mediam ab uno pariete ad
alium transfmeavit, ligna quædam in via difcerpens, ferrea in-
ftrumenta nigricante & cœruleo colore veluti oblita, *fchwartz
und blau angeloffen.*

Cupri Faber, qui è regione turris fedebat rari admodum
Phænomeni fpectator Podagricus à terrore in lectum poft
projectus, mihi retulit, binos fe audiviffe, unum immediatè
poft alterum, fragores, vidiffeque Fulmen in Occidente Turris inftar glomeris igniti in plateam projectum, & in ftellulas
veluti difperfum, quem ignem comparavit fpectator cum bom-
bis illis ignitis, quos *Carcaffes* vocant, comparuiffe item æ-
des fulmine ictas veluti igne lucentes, fumum fatis denfum,
qui fuam propriam repleverit domum, quæ è regione turris
fat longo intervallo diftat. Fumo hocce repletam ædem Ec-
kerianam offenderunt, qui primi eam intrarunt.

Eodem, quo hæc contigerunt, tempore, imo temporis
puncto, aliud Fulmen feriit Coloffum illum ligneum, qui Chriftophori Magni nomen fert, & dextrâ manu bipennem geftat,
hujus dextra manus inter pollicem & indicem fulmineo ictu
fuit pertufa, & infuper ferrea fpina fupra portam pofita deje-
cta, quæ transvectum à molitore faccum farinâ repletum trajecit.

Eadem vefperâ in Agro Bernenfium, qui Lacui Lemanno
adjacet, fuit tempeftas grandinofa, fed fine notabili damno.

Ex Fulminis Bernenfis Hiftoria corollarii loco in re tam
obfcura inferre licet,

1. Fuiffe id feu unicum, feu eodem tempore multiplex, &
urens, licet fine incendii effectu, & difcutiens, & fumigans.

2. Ejus effe materiæ, quæ fefe inprimis jungat, & applicet
corporibus metallicis, quæ feu fundat, feu in minutas parti-
cellas, undiquaque difpergat, vel perterebret.

3.

3. Effe ignem Fulmineum perniciffimæ velocitatis, cujus ope etiam folidiffimas fuperet refiftentias.

4. Unum eundemque glomerem fulmineum, difpergi in varios ramos, qui dehinc deorfim finguli fuos effectus edunt.

5. Uni eidemque glomeri fulmineo ineffe fortè plures minores, eorum ad inftar globorum, miffilium ignitorum, qui intra fe plures recondunt jactus fpecialis, *Carcaſſen, oder Luft Kuglen, welche vil ſchläge in ſich haben.*

Illuftrandis fulminis effectibus conferre forfitan poterit experientia cafualis, quæ Chymico Bernenfi, profapiâ ruftico, contigit A°. 1707. In animo erat præparare *Spiritum nitri alcaliſatum*, quem ut fortiorem tanto obtinere poffet, loco *aquæ* affumfit *ſpiritum Vini;* operationi præfecit filium, qui tribus ab igne paffibus ftetit dolio innixus. Rumpitur retorta & vas recipiens 27. menfurarum, læditur hinc non parum operator à 7. fragmentis vitri corpori paffim, fpeciatim etiam collo infixis, quorum ultimum A°. 1710. demum è corpore fuit protractum. Curiofius fuit acuforme fragmen, quod plantæ pedis infixum hæferat, nec tamen calcei foleæ quidpiam attulit damni. Fragor disruptorum vaforum fuit explofo mortario vel tormento majori 20. libras ferentî fimilis, per totam urbem auditus, ut accurrerint ipfi vicini judicantes, collapfam domum. Surditatem concepit inde temporariam adftans chymicus, & domeftici alii. Tribus à recipiente paffibus repofitorio erant impofita vitra, liquoribus variis ad diverfas altitudines repleta; Hæc quoufque fuere vacua in pulverem fubtiliffimum fuere converfa, ad poftica fparfum per medium parietem ligneum hoc ipfo illæfo. Cafum hunc uti ex ore Chymici eum habuit, recenfuit Nob. D. *Wildius* Amicus optimus Lit. d. 29. Jul. 1711. ad me datis.

Regimen Juventutis ideale. Dies 27. 28. 29. tranfiguntur folennitatibus circa Exercitia armorum magnifica, quibus occafionem dat Regimen Juventutis ideale, ut ita loquar, veri Regiminis Bernenfis imitatorium. Nimirum eam habet honeftæ laudis ambitionem juventus, ut Proceres fuos Reipublicæ gubernatores imitentur tum in forma Reip. propriæ, *exterior Status, der uſſere Stand,* dictæ, tum in confultandi & decidendi controverfias fuas modo,

do,

do, & sic sese maturè ad personas suas condigno modo *in interiori Statu, im inneren Stand,* repræsentandas disponat.

Suos habent hi Juvenes viri, quos commode appelles *mensuram* Reip. *modicam, einen verjungten Maßstab der Republic,* Scultetos, Quæstores, Senatores, Præfectos Arcium scil. dirutarum, ut ipsis nil nisi nomen remaneat & gloria. De umbra ficti Magistratus v. Boxhorn. Inst. Polit. 110. Umbraticæ hujus Reip. in Rep. specimen exprimit Numus, in cujus uno latere visitur simia speculum intuens, Astaco retrogrado insidens, cum Inscriptione, in ipsis quoque vexillis visunda:

IMITAMVR, QVOD SPERAMVS.

infra:

SENATVS ET XVI. VIRI STATVS EXTERIORIS. ab altero Lorica manus Insignibus Ill. Reip. Bernensis innixa pugionem tenens, è cœlo protensa cum Inscriptione:

HOC PROTECTORE CRESCIMVS.

Admittit Resp. hæc paulo plusquam Platonica non cives duntaxat, sed & alios, Suevis exceptis, forsan quia hi qualitatibus adnumerantur hasibilibus, hi autem juvenes quicquid agunt, applicativè agunt ad armorum Exercitia, & usus inde in Reip. Salutem redundaturos. Sua habent Statuta in Codice, quem *das Statutenbuch,* item *Rothe Buch* appellant, suis gaudent reditibus, licet exiguis, censum annuum cum Magnifico Comitatu Morati petit *Gubernator Moratensis* ipsis dictus, die D. Andreæ solvendum, qui totus consistit in quanto 18. baciorum, quod per denarios conferunt illius περίχωροι rustici, duplâ pœnâ mulctandi, si in deponendo hoc censu sint negligentes. Leges hujus status exterioris fuere Ao. 1688. revisæ, & A°. 1691. ab Ampl. Senatu confirmatæ. Primam huic Societati originem ante duo & dimidium secula dedère Exercitia armorum, aggressionum, defensionum varia, quibus sese bellicosa juventus inprimis post Cladem Moratensem Carolo Audaci fatalem assuevit, consentiente Senatu tanquam supremo Domino & Legis latore, qui non solum leges præscripsit Dominii hujus status limitaneas, sed quoque Remp.

hanc

hanc imitatricem variis donavit Privilegiis, quorum non minimum hoc eft, ut membra hujus ftatus fuffragio aliis civibus
præire poffint, ficubi quæftio eft de reftaurando Senatus interioris membrorum numero. *Es hat einer von dem auffe-*
ren Stand ein Stimm voraus,

Fuit dies 27. deftinatus Equitatui, quo hic Status exterior
fuam oftendit & pompam & authoritatem. Fuit autem hic
Equitatus extra ordinem & magnificus, & numerofus ad 400.
penè inclufis fervis affurgens. Agmen duxit Equus portans
infignia Status exterioris, - - - fecutus alius cum fupellectili
argenteo Reip. huic proprio, - - - poft Simiæ figurâ Eques
- - - Urfi figurâ Eques - - Helvetii tres pariter Equites ha-
bitu antiquo, qui præfentant Triumviros illos libertatis Helveticæ antefignanos. - - - - - - Tibicines - - - bipenni-
feri pedites -- Eques loricatus - - - Præfectus Habfpurgenfis, Agminis totius primas cum fceptro, cujus finiftram clau-
fit Status exterioris Scultetus - - - - - Senatores bini ordine
ultimi ex ftatu interiori cum Lictoribus, pro indicanda authoritate & protectione ipfius Reipublicæ, - - - Senatus exterioris Quæftores, Senatores ---- Vexillifer Senatus exterioris fedecim viri, *Burger* dicti, Equitis urbis, - - fedecim
viri ex Statu interiori feu Senatus frequentioris membra, longa
denique fervorum feries. Petit hæc virorum Juvenum magnifica turma, poftquam plateas urbis primarias pertranfiit, Pagum *Urtenen* prandium ibi lautum, quod ad cœnam ufque fe
extendit, fumtura, & vefperi in urbem redit; ante autem quam
portam ingreditur, finitur hæc Ceremonia Oratione folenni,
quâ Præfectus Habfpurgenfis debitas Deputatis ipfius Reip.
interioris folvit grates, & hi viciffim Protectionem fuperiorum nomine fpondent.

Bibliotheca Bernenfis. In Bibliotheca Bernenfi aliàs obfervavi alia, nunc frufta
Mufivi operis, quod Aventici detectum fuit ab Illo. Dno Fran-
cifco Ludovico de Graffenriend 46. pedes latum, 60. longum.

Enfes duo ferrei rubigine ferè perefi, in ditionis Bernenfis
loco *La Chapelle* dicto inventi in fepulchris vel antiquorum
Gallorum, vel Vandalorum, vel Romanorum, longa fatis ferie
ibi detectis unà cum corporibus defunctis, quæ juxta cum
multis

multis aliis cafibus contumulatis illicò, atque taɛ̌ta fuere, in pulverem collabebantur. Adjunɛ̌ta his antiquitatis Gallicæ reliquiis eſt tabula Oſſea ſculpturis quibuſdam exarata, in qua obſervavi, linguæ pariter adhærere atque unicornua vulgo ita diɛ̌ta foſſilia, ut inde pateat, oſſa diu in terra reliɛ̌ta tandem hanc qualitatem induere.

Mentionem antea & deſcriptionem fecimus Status exterioris, qui cortex vocari poteſt & murus Interioris, ſeu nuclei.

Illuſtriſſimæ hujus & totius Helv. potentiſſimæ Reip. facies, *Facies Rep.*
hæc eſt: *Bernenſis.*

Capita ſunt duo Sculteti, *Schultheiſs*, Theſaurarius, ut vocant, Germanus, ſeu Provinciarum Germanico Idiomate utentium, *der Teutſche Seckelmeiſter*, *Proſcultetus Venner*, Theſaurarius Provinciarum Gallicâ linguâ loquentium, *der Welſche Seckelmeiſter*, qui duo poſtremi non aliam eminentiæ prærogativam habent, quam eleɛ̌tionis, ut præeat, qui primus fuit eleɛ̌tus.

Senatus eſt duplex, minor, *der kleine*, & major ſeu frequentior, *der groſſe Rath*. Componitur ille ex 27. membris, incluſo Sculteto regente: bini Senatores poſtremi vocantur *Heimlichere von Burgeren*; gaudent hi eadem votorum prærogativâ cum aliis, ſed non eodem incedunt Senatorio veſtitu; In Senatum non habet aditum, niſi qui in ipſa natus eſt urbe, excipiuntur tamen, qui Præfeɛ̌turis parentum durantibus lucem vident.

Frequentioris Senatus membra ſunt in totum 299. qui numerus non tranſcendi poteſt. Tribus, unde petuntur, ſunt I. quatuor Vennerianæ, *Venner Geſellſchafften*, nempe

1. *Piſtoria, zun Pfiſteren.*
2. *Sartoria, zur Schneideren.*
3. *Macellaria, zun Metzgeren.*
4. *Coriaria, zun Gerberen.*
5. *Nobilium*, diɛ̌ta *zum Diſtelzwang.*
6. *Leonis medii, zum mittlen Loüwen.*
7. *Sutoria, der Schumacheren.*
8. *Pannifica, die Wäbern.*
9. *Mercatoria, der Kauffleüthe.*

10.

10. *Ad Æthiopem, zum Möhrle.*

11. *Ad Simiam, zum Affen.*

12. *Fabrorum lignariorum, zun Zimmerleüthen.*

De Electione sequentia sunt observanda. Die Jovis, qui
Festum Paschatis antecedit, confirmatio fit Senatus, tuncque
si sat magnus sit membrorum ex Senatu frequentiori deficien-
tium numerus, is novâ & numerosâ electione restauratur;
Nova hæc Senatus frequentioris membra vocant *Neüe Burger;* Die Lunæ, qui Pascha sequitur, confirmantur Sculteti,
& 4. Venneri, vel vacantibus quibusdam dignitatibus eliguntur novi: Die Martis sequenti confirmantur Senatores, & simul restaurantur, qui deficiunt; electio fit simul Thesaurario-
rum pro Provinciis tum Germanicis, tum Gallicis, Præfectus
Comitatus Badensis, Præfecturæ Italicæ, sicubi ordo ad Ber-
nenses redit.   Majo mense eliguntur Præfecti & Oeconomi.

Tribunalia.   Præter Senatum tria sunt Tribunalia, Judicibus constitutis à
Venneris, Thesaurariis & Minori Senatu.

Primum est *Judicium* sive *Tribunal exterius, das aussere
Gericht,* ubi 12. numero sunt Judices; nimirum 2. ex minori, & 10. ex frequentiori Senatu, una cum Scriba & duobus Apparitoribus, *Weibel.* Supremus Judex est Scultetus,
qui tamen propter numerosa gravis molis negotia pro Vicario perpetuo substituit Apparitorem Reip. *den Grofsweibel,*
cujus dignitas est magni æstimii, & amplæ ad promotiones
ulteriores spei: decidunt hi controversias circa creditum & debitum, injurias in verbis & verberibus.   Appellatur inde ad
Senatum minorem, abhinc ad Senatum & 60. *Räth und
Sechzig,* sive 27. membra minoris Senatus, & 36. Senioris
ex frequentiori, abhinc porrò ad ipsum Senatum frequen-
tiorem.

Sequuntur duo *Tribunalia Appellationis, Appellations
Gericht,* unum pro provinciis Germanicis, alterum pro Gal-
licis. Præsidet in his Thesaurarius, reliqui judices sunt 10. ex
minori, & 8. ex frequentiori Senatu, unà cum Apparitore &
Secretario.   Deciduntur hîc casus per appellationis formam à
Præfectis huc delati.

Ter-

Tertium *Judicium* eſt *Matrimoniale*, ſeu *Conſiſtorium*, ubi
10. Judices. 2. ex minori Senatu (qui per alternos menſes Præ-
ſidium gerunt) 2. Miniſtri Verbi Divini. 4. ex frequentiori
Senatu, & Secretarius cum Apparitore. Decidunt hi caſus ma-
trimoniales, & diſciplinæ attendunt Eccleſiaſticæ.

Criminalia proponuntur Senatui frequentiori, ubi præſidet
Scultetus. Poſtquam ſententia eſt lata, occupat Scultetus ſe-
dem in Tribunali publicè erecto in mediâ plateâ: circumſtant
undique Apparitores, prælegit Secretarius Malefico ſententiam, traditque Scultetus authoritate ſuâ Carnifici, ut is ſententiæ faciat ſatis.

Notabilem prærogativæ gradum in Ill. hac Rep. poſſident
præ aliis 6. prænobiles Familiæ.

    1. *De Erlach.*   2. *De Dieſsbach.*
    3. *De Mullenen.*   4. *De Waltenwyl.*
    5. *De Bonſtetten.*   6. *De Lautemau.*

Qui ex his Familiis promoventur ad Senatum minorem, præ-
eunt aliis anteà licet electis Senatoribus, & ſtatim poſt Venne-
ros adſident.

Ampliſſimum eſt Reip. Bernenſis Territorium, id quod pa-*Territorium Bernenſe.*
tebit ex ſpeciali partium enumeratione.

I. Sunt *Judicia Provincialia*, IV. *Landgericht*, quæ reguntur a Venneris,

Sefftingenſe à Vennero Piſtoriæ tribus.
Sternbergenſe - - - - Fabrorum.
Konolfingenſe - - - - Macellariorum.
Zollickofenſe - - - - Coriariorum.

II. A Scultetis, qui Præfectorum vice ſunt, reguntur

    1. Comitatus *Bürenſis.*
    2. Comitatus *Burgdorffenſis.*
    3. *Thunenſis.*
    4. Oppidum *Underſeen.*

III. Sequuntur Præfecturæ, *Castellaniæ* dictæ,

1. *Vallis Simeæ superioris*, *Ober Sibenthal* oder *Zwey Simlen.*

2. *Vallis Simeæ inferioris*, *Under Sibenthal*, oder *Wimmis.*

3. *Frutingensis.*

IV. Præfecturæ, *Landvogtheyen*, sunt,

1. *Trachselwaldensis.*　　2. *Wangensis.*
3. *Landshutensis.*　　4. *Lenzburgensis.*
5. *Nydoviensis.*　　6. *Sanensis.*

V. Præfecti, *Vögte* dicti, sunt,

1. *Bippensis.*　　2. *Arwangensis.*
3. *Arbergensis.*　　4. *Erlacensis.*
5. *Brandisianus.*　　6. *Laupensis.*
7. *Signoviensis.*　　8. *Oberhofanus.*

VI. Præfecti, *Obervögte* dicti, sunt,

1. *Schenckenbergensis.*
2. *Bibersteinensis.*
3. Gubernator *Aquilegiensis zu Aelen.*
4. Gubernator *Arburgensis.*

VII. *Vallis Haselana*, *Haßle*, Districtus est suis gaudens peculiaribus Privilegiis, regitur à Landammanno ex ipsis Vallicolis, qui confirmationem nanciscitur, à Senatu Bernensi.

VIII. Oeconomi Monasteriorum Secularisatorum, *Vögte* dicti, sunt,

1. *Interlacensis.*　　2. *Königsfeldensis.*
3. *Thorbergensis.*　　4. *Traubrunensis.*
5. *Zofingensis.*　　6. *Frienispergensis.*
7. *D. Johannis.*　　8. *Gottstattensis.*
9. *Buchseanus.*

IX.

IX. Urbes feu Oppida municipalia funt,
1 *Zofingen.*   2. *Arovia.*
3. *Brugæ.*   4. *Lentzburgum.*

X. In Provincia, quæ Gallico Idiomate utitur, *das Welfch Bernerbiet* dicta, fequentes funt Præfecturæ.
1. *Aventicenfis, Avenche, Wifflifpurg.*
2. *Meldonenfis, Milden, Mondon.*
3. *Yverdunenfis,* feu *Ebrodunenfis.*
4. *Laufannenfis.*
5. *Morgenfis.*
6. *Nevidunenfis, Nyon.*
7. *Viviacenfis, Chyllon Vevay, Vivis.*
8. *Oronenfis.*
9. *Romano-monafterienfis, Romain moftier.*
10. *Albonenfis.*
11. *Paterniacenfis, Peterlingen,* ubi eft Oeconomus, *Schaffner.*
12. *Beaumontanus,* ubi Gubernator.

XI. Præfecturæ olim Germanico Equitum ordini adfcriptæ, nunc Bernenfes, funt *Küenitz, Sumiswald, Rüggifperg.*

XII. Extra Territorium Bernenfe participat Refpublica Regimini Comitatus *Badenfis,* Jurifdictioni fupremæ in criminalibus *Turgoviæ,* idque cum condominis VIII. veteribus Pagis: porrò cum XI. excipiuntur fcil. Abbatifcellani in Regimine Præfecturarum Italicarum, *Luganenfis, Locarnenfis, Mendrifianæ* & *Madiæ.* Juxta cum Cantone *Friburgenfi* Domini funt Præfecturarum *Moratenfis, Schwarzenburgenfis, Grandifoniana* & *Efcalenia.* Una cum Solodorenfibus poffident *Bechburg* feu *Bubenberg, Lüfflingen, Aettingen, Meffen* & *Balin,* ubi Jurifdictio alta eft Bernenfium. Regunt porrò unà cum *Epifcopi Bafilienfis* Meyero, ut vocant, Biennenfi Pagos in *Teffenberg.* Occafione Belli Toggici A°. 1712. excitati vi pacificationis inter Tigurinos, Bernenfes, Lucernenfes, Uranios, Suitenfes, Subfylvanios, Tugienfes,

diebus 18. Jul. 9. & 11. Aug. fancitæ admiſſi inſuper fuere
Bernenſes ad Condominium Turgoviæ, Vallis Rhegufcæ &
Sarunetum, Raperſuilæ porrò (reſervatis oppido privilegiis)
ac pagi Hurden , qui trans pontem eſt.

Fuit dies 29. deſtinatus Exercitio armorum magnifico ,
quod genium oſtentabat nationis in militaribus rebus gerendis
dexterrimum.

Thunum. Die 30. venimus hora meridiana *Thunum* , & Meridie viſi-
tavimus opus magnificentiâ Bernenſi dignum, derivationem
Kanderæ torrentis, quæ inundationibus ſuis latam terræ partem devaſtavit, & devaſtatura videtur magis ac magis. Eò
autem devenerunt conſilii Ill. Reipublicæ Proceres , ut derivationem tentarint Kanderæ ſupra Arcem Strättingen in Thu-
nenſem Lacum, unde quidem metuunt, nec ſine cauſa, Thu-
nenſes pro Urbe ſua, Agris, Hortis & Pratis, cum Lacu ferè
horizontalibus damna non modica: contrarium aſſerentibus,
qui hunc laborem & urſerunt & ſuſceperunt, quos inter dire-
ctionem tenet Geometra Ill. Reip. Dⁿ. Bodmerus.

A Kanderæ novo in Canalem ingreſſu ad oſtium numeran-
tur paſſus 12000 , quorum ſinguli habent 3⅓. pedd. diameter
novi Canalis in ingreſſu primo erit 272'. profunditas ſumma
ad Kanderæ Horizontem effodienda perpendicularis eſt 152'.
canalis novi longitudo 3000'.

Inter fodiendum non offenderunt hactenus aliud quam terram glareoſam, eam quidem ſatis denſam, quam inter paſſim
reperiunt cavitates aliquot pedum Cubicorum , cruſta duriſ-
ſima undique obtectas: in his cavitatibus reperiunt *Moroch-
tum*: alibi etiam offendunt ſtrata *Selenitæ talcoſi*. Laborant
quotidie in hoc opere 250. circiter viri, pro 5. Baziis ſinguli,
conquirunt etiam mendicos quoſvis ſtipem in vicinia petentes,
quos retinent pro cibo. Singulis manè & veſperi preces re-
citantur operariis, & diebus Mercurii Paſtor vicinus concionem habet in Cathedra Nova ſub umbra & ramis Fagi erecta.

Duce & Com. Dⁿ. Prof. Eirinio, viro raræ ut eruditionis
ita Curioſitatis, natione Armeno, Religionis Græcæ, viſita-
vimus novas Dⁿ. Viſcherorum venas, in Monte juxta Kande-

ræ

La Ville de THUN, en Suisse.

ræ longitudinem per horam ferè protenfas, ubi obfervavimus
infra petras filiculofas digitos 5. ad 10. terræ finiffimæ luteæ,
pro vafis coctilibus igni invictis deftinatæ, infra eam aliud
ftratum ex filiculis ad 2', infra hoc ftratum aliud argillaceum
rurfus flavum, partibus tamen fufcis magis intermixtum, infra id marga cinerea; & tandem ftratum curiofiffimum *ligno-*
rum Foffilium, quæ aëri expofita partim indurefcunt, partim
in fragmina diffiliunt. De his lignis foffilibus notabile hoc
eft, quod trunci & rami funt non rotundi, fed compreffi, nihilominus tamen cortice fuo paffim veftiti, & foliis fubinde
ornati; Eft hoc lignum inflammabile, ignem concipiens fat
vehementem, ut Carbonum inftar Foffilium infervire poffit.
Compreffionis hujus ratio peti fine dubio debet inde, quod ligna ab aquis diluvialibus madefacta fuerint à fuperincumbente
nova Saxorum & montium mole preffa, & in latum extenfa.
Hæc ipfa compreffio contrariæ Hypothefeos fautoribus anfam
dat conjectandi, annon hujus generis ligna fuerint ab ipfa natura variarum Figurarum formatrice in terræ vifceribus forfan
ex luto producta: nos vero magis confirmat & magis in no-
ftrâ Diluvianâ. Qui enim quæfo non debuiffet comprimi fub-
ftantia lignofa, aquis Diluvialibus perfufa, a fuperincumbenti
millionum innumerorum centenariorum mole? Idem ferè
Phænomenon exhibent pifces foffiles pariter compreffi, ut
nil plerunque reftet aliud quàm figura Branchiæ, fquamæ, in-
numeræ porro cochleæ, conchæ, Diluvianæ compreffæ, &
in frufta diffractæ. In Lapicidina Oningenfi quofcunque of-
fendimus Pifces, fuis adhuc gaudent fpinis, quod exigua admodum fit Saxorum incumbentium moles.

D. 31. Thuno digreffi vifitavimus novas Fodinas Carbonum
foffilium ex altera Arolæ parte apertas fupra Pagum *Erla*,   *Carbones*
qui quarta horæ parte diftat à *Stäffisburg*. *Carbones foffiles*   *Foffiles.*
hic funt picei coloris, ftratum eft verfus Meridiem inclina-
tum, id primum vix ½ digiti parte fuit latum, poft tamen magis magisque craffefcens intra Terræ vifcera nunc fefquipedis
habet altitudinem: fuperincumbit Carboni marga cœrulefcens,
margæ Saxum vivum, fubinde pyrite adhærente micans.

Hhhh 3   Puteus

Puteus prope Pagum fuit apertus, in cujus Strato fuperiori marga reperitur, plantarum variarum Iconibus figurata, colore cinerea.

Cœnobium Werden-ſtein.   D. 1. Jun. tranſivi Agrum Lucernenſem. In Cœnobio *Werdenſtein* tenuem offendi pro 70. annorum ætate, quam habet, Librorum ſupellectilem, & Fratres ignorantiæ. Teſtis eſt titulus Catalogi Bibliothecæ, qui ita ſe habet.

Catalogus Librorum continentium in Bibliotheca F. F. min. Conventus Werdenſteinenſis.

Finii 10. Novembr. 1718.

ACARNANIA,

SIVE

RELATIO

Eorum, quæ hactenus elaboravit

ACARNAN,

JOH. JACOBUS SCHEUCHZER,

Tigurin. Med. Doct. Math. Prof. Acad. Leopol-
dino-Carolin. & Socc. Regg. Anglic. ac
Prussic. Membr.

Nunc primum Edita.

I

RELATIO

Eorum, quæ hactenus elaboravit

ACARNAN,

JOH. JACOBUS SCHEUCHZER.

Non encomium ſpirat hæc qualiſcunque relatio; non excuſo me, nec accuſo. Patebit, quid ſcripſerim; quam bene, non eſt meum definire: ſtat judicium penes rerum peritos. Nec prologo opus habet nuda recenſio, nec Epilogo.

Polaris multorum ex Medica Natione ſtella eſt lucrum, adeunt terras cognitas, vitulâ plerunque aratur alienâ; ego, neſcio quo fato, à tenera juventute Terras quæſivi vel incognitas, vel parum tritas, nova ſulcavi maria, vel parum frequentata, labores amavi, obſervationes, nullis parcendo ſumtibus. Primum, quod quidem edidi, ſpecimen curioſitatis meæ fuit *Diſſertatio Inauguralis de Surdo Audiente,* ſub Rectoratu optimi ſenis *Johannis Leuſdeni* in choro Profeſſorum defenſâ Ultrajecti. Typ. Franc. Halmæ, 1694. 4. Volebam præfigere titulum ipſius legis 10. Cod. Lib. 6. Tit. 22. vel legem ipſam, quæ attinet ſurdum ex accidenti à poteſtate faciendi teſtamentum non excluſum: *Si ei vox articulata à natura conceſſa eſt, nihil prohibet, eum omnia, quæ voluerit, facere, quia ſcimus, quoſdam juris conſultos, & hoc ſubtilius cogitaſſe, & nullum eſſe expoſuiſſe, qui penitus non exaudiat,*

Iiii　　　　　　　　　　*audiat,*

audiat , fi quis fupra Cerebrum illius loquatur , fecundum quod Jubentio Celfo placuit. Placuit legum Doctoribus nec Rubrica legis, nec Lex ipfa, quæ Differtationi Medicæ præfigi poffit, noluerunt ut involarem in J. C. Caftra, fed placuit mihi materia : compofita res *furdi audientis* titulo. Materiam ipfam elaboravi, tum quia eft fingularis generis, tum quia fatis volueram facere curiofitati Celeberrimi νῦ ἐν ἁγίοις *Joh. Chriftophori Wagenfeilii,* Prof. Altorffini & hofpitis mei etiam in cineribus colendi, qui de fenfu hujus legis non femel mecum verba fecit.

Ex Belgio Palæcomen, fuaviffimam tunc Mufarum fedem, redux elaboravi d. 24. Jun. 1695. ad Celeb. *Joh. Chriftophorum Sturmium* Phyf. & Math. Prof. Præceptorem meum femper chariffimum, *de Generatione Conchitarum Epiftolam.* Eft ille Ager, fi quis alius, foffilibus figuratis, quæ Diluviana nunc audiunt, refertiffimus, ut patet ex *Joh. Jacobi Bajeri* Ὀρυκτογραφία *Norica.* Norimb. 1708. in lucem edita. Collegi naturæ hæc curiofa per aliquot annorum decurfum in ϖειχώρῳ illa magno ftudio. Tunc autem temporis nondum invaluerat Diluviana hypothefis, cui oppofita hæc ipfa Diff. Epiftolica, inferta Appendici Eph. Germ. Dec. III. Ann. IV. p. 152. & quam, rogo, afpiciet lector tanquam prurientis ingenii fructum. Non tamen me pœnitet unquam hujus laboris, quia ingenuitatis meæ luculentum teftimonium præbet, & amoris pro veritate. Inde enim ab illo tempore meliora ex innumeris obfervationibus, pretiofis collectionibus, fcriptifque aliorum, cum primis Clariffimi mihique chariffimi *Joh. Woodwardi* edoctus, neutiquam mihi dedecori duxi παλινῳδᾶν. Pugnamus in hac rei literariæ militia non pro opinionibus, fed pro veritate.

Extra patriam ubi poteram cunque horas à Medico ftudio fuccifivas impendi hiftoriæ Naturali, & hunc in finem in urbibus & Academiis vidi Mufea, in campis & montibus herbas, in fodinis metalla & varii generis Foffilia, collegi quidquid poteram in itineribus. In Patriam redux ftatim applicare me cœpi Hiftoriæ Helvetiæ Naturali, & huic magnam laborum meorum & vitæ partem confecrare. Prævidi quidem magnas undique difficultates, fed non, quas poftea expertus sum,

fum, & gratia DEI fuperavi, omnes, quæ abfterrere me à pro-
pofito potis erant : Auxilia fperavi ex edita in lucem

*Charta invitatoria , quæftionibus , quæ hiftoriam Helve-
tiæ Naturalem concernunt , præfixa. 4.*

*Einladungs-brieff zu erforfchung naturlicher Wunderen ,
fo fich im Schweitzerland befinden. 4.*

Qua quidem hiftoriam patriæ amantes humaniffimè per quæftiones 186. (in germanico Exemplari 189.) invitavi, ut fuas
ad tam vaftum opus conferrent operas, fed furdis ad hæc ftu-
dia, ab αιχροκερδια nimis quàm remota narravi fabulas. Ad
dimiffas in omnes Helvetiæ provincias chartas pauca vidi re-
fponfa, quapropter fi Reipublicæ literariæ, tot amicorum &
fautorum extra Helvetiam votis, meæque fimul curiofitati fa-
tisfacere volui, coactum me vidi pererrare valles, confcendere montes, fubire cryptas, defcendere flumina, transnaviga-
re lacus, verbo, naturam ipfam confulere. Præftiti autem
id annuis ferè itineribus in has illasve Regionis montofæ partes fufceptis optimâ fide, immenfo labore, multis periculis,
magnis fumtibus , copiofo fudore , nunc expofitus fami ,
nunc frigori, nunc æftui, mox benigne exceptus ab amicis,
mox indigne tractatus ab hominibus infidiofis & fcrupulofis.
Evulgavit pro Hiftoria Naturali Walliæ hujufmodi quæftiones
Eduardus Luidius , titulo *Parochial Queries in order to a
Geographical Dictionary , a Natural Hiftory :* nec ita pridem, nempe A°. 1715. *Chriftianus Gabriel Fifcher* Phyf.
Prof. Regiomontanus, titulo, *Anderer Verfuch vor die Hi-
ftorie des unterirrdifchen Preuffens , oder deutliche Fragen
von Preuffifcher Erden.* &c. num feliciori fucceffu, quam
ego , eventus docebit. Optandum fanè foret , ut exquifita
quadam methodo formarentur quæftiones tum generales rerum, terra marique inquirendarum, tum fpeciales huic illive
Regioni applicativæ, quo fic erigi poffet ingens obfervatio-
num cumulus, & fucceffivè formari ordinatum Phyficæ fyftema. Sunt multi qui talismodi informationis erotematicæ defe-
ctu nefciunt, quid inquirere debeant, vel quomodo.

*De dendritis aliisque lapidibus, qui in fuperficie fua Plan-
tarum , foliorum , florum figuras exprimunt ,* Differtatio E-

piftolica ad *D. Michaëlem Fridericum Lochnerum* Archia-
trum Cæfareum &c. Fautorem & amicum femper æftumatif-
fimum, inferta eft Acad. Nat. Cur. Ann. V. & VI. p. 57. Ap-
pend. Prodromus veluti *Herbarii Diluviani.*

Ex *Epiftola de Cerva Cornuta,* 14. Cal. Maji 1700. data ad
χαρίσωσιν difcipulum & amicum Dⁿ. *Joh. Fridericum Leopold*
Lubecenfem, Differtationi ejus *de Alce* Inaugurali annexa patet, in cornigerorum claffem recipiendum effe non duntaxat
fexum mafculinum, fed quoque fœmineum. Monftratur caput hoc Cervæ monocerotis in Mufeo civico Tigurino. Con-
ftitueram mecum, Hiftoriam Helvetiæ Naturalem Latino Idiomate vulgare, & quoties occafio ferret, in difputationibus publicis defendere, fed animi fenfa poftea mutavi, tum propter
rarum defendentium numerum, tum propter caufas alias. Primum interim fpecimen fuere

Hiftoriæ Helvetiæ Naturalis Prolegomena; quæ me Præfide defendit *Johannes Rodolfus Lavaterus* Tigurinus, Di-
fcipulus tunc meus, Medicinæ poft Doctor, qui magno fuo-
rum mœrore obiit A°. 1717. Continent ea generalem totius
operis Profpectum, una cum Recenfione Hiftorico Geogra-
phica Scriptorum Hiftoriæ Naturalis.

Alterum fuit *Stoicheïologia ad Helvetiam applicata,* quam
defendit eodem anno 1700. *Joh. Huldricus Hegnerus.* Med.
nunc Doctor Vitoduranus, amicus ex defideratiffimis.

Novam in dies ineunte novo feculo accendente facem Ma-
thefi in Medicina Author fui Dⁿ. *Erafmo Blanck* Norimber-
genfi, difcipulo tunc meo & commenfali gratiffimo, (qui d.
14. Febr. 1704. Hersbrucci obiit febri Caftrenfi) ut elabora-
ret Differtationem Inauguralem *de Mathefeos Ufu in Medicina,* eumque opera mea adjuvi. Prodiit ea Bafileæ A°. 1701.

Ita quoque obftetricante me prodiit A°. 1698. D. *Joh. Henrici Hottingeri* Tigurini, Difcipuli tunc mei, Κρυσαλλολογία, feu
*Differtatio de Cryftallis, harum naturam ad mentem Vete-
rum & Recentiorum per fua Phænomena explicatius tradens,*
quam defendit Præfide Dⁿ. *Solomone Hottingero,* Med. D. &
P. quamvis haud diffitear, aliqua etiam defendentem meo la-
bori addidiffe.

Con-

Confiderantem divitias linguæ Germanicæ, & facilitatem, quâ hodie Angli, Galli, Itali, aliæ Nationes, fuis Idiomatibus fingulæ omnis generis fcientias & harum fyftemata integra confignant, atque luci publicæ dant, fæpe fæpius admiratio rapuit, cur non & Germani iifdem cum aliis populis uterentur juribus. Quapropter primus, quod quidem fciam, in gratiam amicorum quorundam, pro privato horum ufu confcripfi Phyficæ modernæ Syftema, titulo: *Phyfica, oder Naturwiffenfchaft*, Zurich bey Heinrich Bodmer 1701. 8. quæ duplo auctior, cum figuris æneis, prioribus Exemplaribus diftractis, prodiit Typis iifdem 1711. 8. in Generalem & Specialem divifa partes; cui anno modo citato adnexui *Medullam, Kern der Naturwiffenfchaft*, quæ in breves Aphorifmos redacta infervire poffit Doctoribus atque difcipulis memorialis inftar.

Anno 1702. prodiit Typis Geffnerianis *Specimen Lithographiæ Helveticæ curiofæ, quo lapides ex Figuratis Helveticis felectiffimi æri incifi fiftuntur & defcribuntur.* Dedicatum Ill. atque Exc. Francifco Honorio Comiti de Trauttmanfdorff, Oratori tunc ad Helv. Refpp. Extraord.

A°. 1704. Typis iterum Geffnerianis, me Præfide, Johanne fratre Defendente, prodiit Ουρεσιφοίτης *Helveticus, five Itineris Alpini Defcriptio Phyfico Medica prima, in 4.*

Inter tot Diariftas, Actorum & novorum Literariorum Publicatores comparere & ego volui, oftenfurus, pro meo erga patriam amore, non deeffe in exiguo Helvetiæ præfertim Reformatæ angulo, qui omnis generis fcientias habeant in deliciis. Prodierunt itaque A¹. 1701. *Nova Literaria Helvetica.* Typis Dav. Geffneri, 1702. 8. quibus paffim infunt Eruditorum Biographiæ, & fragmenta nonnulla inedita; & in primo quidem primi anni fafciculo Extractum Scriptorum, quod in fequentibus annis omifi, fola contentus titulorum recenfione, & Biographiâ. Nec me reprehendat quifquam, quod non fpiffa duntaxat volumina recenfuerim, fed ad ipfas defcenderim conciones. Apologiam fufcipit Rev. *Lud. Melchior Fifchlinus* V. D. M. Stuttgardianus *in Biographia præcipuorum Theologorum Wirtembergenf.* Ulm. 1710. 8. edita: ubi fequentia .

quentia legas verba: *Carpit non nemo Joh. Jacobum Scheuchzerum, quod fingulas conciones funebres novis fuis Literariis Helveticis addiderit: At verò, fi Principum, Comitum, Nobilium, Doctorumque vitas æftimamus, quid ni & parentationes & Conciones, in quibus commemorantur? Quid quod Fanatici moderni Theologos noftrates in quam plurimis Theologiæ profundioris & Practicæ capitibus hofpites fuiffe, vel ea populo tradere per infignem injuriam neglexiffe, publicis in fcriptis affeverare non erubefcant, quos hac ratione vel foli concionum quarumcunque tituli aut textus obiter faltem infpecti in ruborem dare, aut mendacii convincere queunt. Adde, quod, ut Cl. Wittenius obfervat, una fæpe hic pagella plus fucci & bonæ frugis habeat, quam fpiffum quandoque chartaceum volumen (addo ego, & Miniftris præfertim longè gratius,) unde magno hæc Reipublicæ Literariæ difpendio à multis negligi rectè monent* Naudæus lib. de inftituenda Biblioth. & Hottingerus in Biblioth. Quadripartita: c. 1. p. 5.

Nova Literaria Helvetica pro Anno 1702. Tyg. Typ. Rod. Simleri 1703. 8.

Nova Literaria Helvetica pro Anno 1703. Tyg. Typ. Dav. Geffneri 1704. 8.

Nova Literaria Helvetica pro Anno 1704. ib. 1705. 8.

Nova Literaria Helvetica pro Annis 1705. & 1706. Tyg. Typ. Schaufelberg. & Hardmejer.

Nova Literaria Helvetica pro Annis 1707. & 1708. Typ. iifd. 8.

Nova Literaria Helvetica pro Annis 1709. & 1710. *Quibus annexa eft Vita Magni Henrici Bullingeri.* Typ. iifd. 8.

Nova Literaria Helvetica pro Annis 1711. & 1712. *Quibus adnectitur fyllabus Scriptorum, quæ rem Toggicam & bellum inde ortum attinent.* Typ. iifd. 1713. 8.

Nova Literaria Helvetica pro Annis 1713. & 1714. Typ. iifd. 1715. 8.

Heic defii, tum aliorum laborum mole impeditus, tum alias ob caufas, quarum recenfione fuperfedeo: non tamen pro

ufu

uſu meo privato deſino congerere, quicquid in Helvetia tum Reformata, tum Pontificia lucem adſpicit.

Terræ ſtatum naturalem ex Chaotico veluti ſtatu luci ſuæ reſtituit, ſi quis alius liber, ſequens certè. *An Eſſay to ward a Natural Hiſtory of the Earth and Terreſtrial bodies, eſpe-cially Minerals, as alſo of the Sea, Rivers and Springs. With an account of the univerſal Deluge, and of the effects, that it had upon the Earth. London for Ric. Wilkin.* 1695. & 1702. 8. Author eſt, vir de Orbe Literario, inprimis to-tius Hiſtoriæ Naturalis amatoribus meritiſſimus, *Joh. Wood-wardus*, quem vel nominaſſe eſt laudaſſe. Hic liber, am-plioris operis Prodromus, ne ſoli Anglicæ Nationi inſerviret, ſed ut aliis quoque nationibus uſui foret, dignus omnino mi-hi videbatur, ut transferretur ex Anglico Idiomate in Lati-num. Præſtiti id & effectui dedi A°. 1704. Rubrica libri hæc eſt:

Specimen Geographiæ Phyſicæ; quo agitur de Terra & Cor-poribus Terreſtribus, ſpeciatim Mineralibus: nec non Mari, Fluminibus & Fontibus. Accedit Diluvii Univerſalis, ef-fectuumque ejus in Terra deſcriptio. Tiguri Typ. Dav. Geſſ-neri 8. Dedicatus labor ipſi Authori.

Correctiones *Naturali Hiſtoriæ Telluris illuſtratæ & au-ctæ, unà cum defenſione contra nuperas objectiones Eliæ Ca-merarii,* Lond. 1714. 8. adjecit optimus Author: & utrum-que hunc librum A°. 1717. ex Latino in Gallicum transtulit ex Pontificia Religione ad noſtram Proſelytus, natione Gallus, cui nomen *de Prat,* an verò lucem viſurus ſit hic labor, tem-pus docebit.

A°. 1705. currente cœpi hebdomadatim publicare Novello-rum modo Hiſtoriam Naturalem Helvetiæ, & Idiomate qui-dem vernaculo. Tom. I. Rubrica hæc eſt: *Beſchreibung der Natur Geſchichten des Schweitzerlands.* Contenta ſine or-dine ullo ſunt digeſta: quæ quia Idiomatis Germanici ignaris ſunt incognita, heic commemorare non piget. ſunt autem hæc: De Fago rubra Buchienſi - - - de Halone Lunari vi-ſo d. 5. Febr. 1705. De Spectro Alpium Surenenſium - - De Turffa Tigurina - - - de Prognoſticis pluviæ - - - de
Monte

Monte Pilati in ditione Lucernenſi - - - De Morbo generis
Bovini vertiginoſo, ejuſque medela - - - De Altitudine
Montium, ejuſque dimenſione - - - De Monte S. Gotthar-
di - - de Divitiis Aquarum Helvetiæ - - - De Vino Tigurino - - - De Vento periodico in Lacu Rivario - - -
de Lacte & Lacticiniis Helvetiæ - - - De Senni ſeu Caſeifi-
cis perſona, officio & caſa - - - de Præparatione Caſei - - -
De Coagulo Lactis - - De Præparatione Butyri - - - de
Caſeo ſecundario & ſero Lactis - - - de Lacticiniis dictis
Nidelbrot & Stuncken Werne - - de Vena Chalybis Saru-
netana - - - de Nebulis & Nubibus montanis - - - De
Rupicaprarum reſiſtentia ad globulorum jactus - - - De Rupicaprarum linctibus, dictis Leckinen, vel Sulzen - - - De
Rupricaprarum venatione - - De vitæ genere, quo utuntur
Rupicapræ - - - De Meteoro ignito viſo Tiguri d. 19. Apr.
1705 - - - de Thermis Piperinis - - - De Noſtalgia, mor-
bo Helvetis peculiari - - - De differentia plantarum & ar-
borum, prouti creſcunt in Montibus, vel Vallibus - - - de
Itinerum Alpinorum jucunditate, utilitate, & commoditate - -
De Itineribus per Alpes ſummas - - De Periculis & Incommodis itinerantium per Alpes, a nive & glacie, atque Remediis - - - de Incommodis Itinerantium à frigore - - - de
Periculis ob petras deciduas & anguſtiam viarum - - De Statu
Helvetiæ reſpectu Elementorum & temporum Anni - - - De
Reliquiis Diluvii in Helvetia reperiundis - - - De Terræ
motibus Ditionis Glaronenſis - - - de Labinis - - - de earum Cauſa, Differentiis, Remediis, circumſtantiis aliis - - -
Hiſtorica recenſio Damnorum, quæ Labinæ intulerunt - - -
de duabus aquis ſulphureo bituminoſis Pagi Ruſchlikon ad Lacum Tigurinum, & prope Lacum Rivarium - - - de Morbo
contagioſo, qui hoc anno infeſtavit Rupicapras - - - De
Ægagropilis ſeu pilis Rupicaprarum - - - De Calculis Rupicaprarum - - - de Fontibus Helvetiæ rubris - - - de
Lacubus, qui ingenti ſonitu ac murmure tempeſtates præſa-
giunt - - - De Itinere per Spelugam Montem - - - de Lapide Ollari, & ejus uſu, - - - De vento Meridionali, qui
ſub finem Octobris & principium Novembris 1705. Helvetiam

tiam perflavit, & ortis inde damnis - - - De Terræ motibus obfervatis d. 13. & 17. Nov. 1706 - - - De copiofis Aquarum fcaturiginibus in Pago Flims Rhætiæ.

Tomus II. prodiit A°. 1706. currente. Ejus contenta hæc funt. De Balneo Valterfuilano Cantonis Tugienfis - - - de Fonte famis prænuntio in Pago Wangen Ditionis Tigurinæ - - de Metallis Helvetiæ, Auro, Argento, Ferro, Ære, Plumbo, Argento vivo, Antimonio, Pyrite. De Iride Lunari, primaria & fecundaria vifa 1705. Lunâ plenâ - - - de aliis rarioribus Iridum Helveticarum Phænomenis - - - de Tonitru, Fulgure, Fulmine, Globis ignitis, aliifque Meteoris ignis Helvetiæ - - - de Lapide Fulminari - - - de igne S. Elmi, qui vifitur Vitoduri in apice Turris -- De igne Lambente - - De ignibus fatuis - - - de Monte Julio Rhætiæ. De Cafeo viridi Glaronenfium Schabziger - - - De Eclipfi Solis totali, obfervata in his oris d. 12. Maji 1706 - - - de Fontibus Majalibus - - - de Carbonibus foffilibus Helvetiæ - - - de Draconite Lucernenfi - - - De Meteoris aqueis & aëreis feu ventofis Helvetiæ - - De tempeftatibus, quæ oriuntur ex projectis in Lacus montanos vel cryptos Lapidibus - - - de Typhone - - - De Columna aquea, Anglis Spout, in Aërem elevata; - - - de Preftere. De Tefferis Badenfibus - - - de Terris Helvetiæ, earumque fœcunditate - - - De Terris Mineralibus Helvetiæ, fpeciatim de Creta. De Cretis variorum Colorum, Argilla, gypfo, Lacte Lunæ, Unicornu foffili - - - de Venatione Urforum. De Helvetiorum vivendi ratione, difpofitione corporis & animi. De Terræ motibus Eglifovienfibus A°. 1706. De Caloris Æftivi Ao. 1706. extraordinariis effectibus - - - de Inundationibus & tempeftatibus - - - de Circulis Pratorum veluti aduftis.

Tomus III. fequentem præfert titulum. *Befchreibung der Natur Gefchichten des Schweitzerlands dritter theil, enthaltende vornemlich eine über die höchften Alpgebirge A°. 1705. gethane reife.* Prodiit defcriptio hæc Itineris A°. 1705. per Alpes fufcepti per decurfum Anni 1707. Typis Schaufelbergi-Hardmejerianis, fed omnes Tomi propriis meis fumtibus. Primum dicavi Illuftris Familiæ de Salis Soglienfi Fratribus

qua-

quatuor *Herculi*, Præfecto Morbennenfi, & Senatori Curien-
fi: *Rodolpho*, Capitaneo Generali Sondrienfi apud Vólture-
nos, *Friderico Antonio*, Chriftianiffimi Regis Capitaneo,
& Directori Fœderis Domus DEI, *Andreæ* locum tenenti
Colonello in Militia Regis Galliæ, & Sorori *Annæ Margare-*
thæ: Secundus Eruditæ *Hortenfiæ de Salis*, Capitanei de Gu-
gelberg viduæ: Tertius Nob. *Joh. Rodolpho de Rofenroll*, Ex
vicario apud Volturenos. Contenta tertii hujus Tomi funt:
De Cafu Montis in Pago Altendorff ad Lacum Tigurinum - -
de Balneo Infra Urnenfi - - De Ecnephia effufa ad hunc Pagum - - De veftigiis digitorum a SS. Martyribus Felice & Re-
gula, Thebeæ legionis fociis, ipfi Saxo impreffis Glaronæ, quæ
aliud nihil effe demonftro, quam naturæ lufum in ftalactite, - -
de fignis caloris inftantis vernalis - - de Aquis Saponi incom-
mifcibilibus, & coctioni Leguminum ineptis - - de Torrenti-
bus montanis - - Montibus Glacialibus - Fœnifectorum in
Alpibus vita periculofa, - - de variis Naturæ curiofis in Alpibus Glaronenfibus - - de Monte Libero, Freyberg, Rupicaprarum Afylo - - De Balneis, - - Lacubus, Rivis, Montibus Vallis majoris Glaronenfium - - de Linthæ feu Limagi
Scaturigine. De prima harum Regionum habitatione - - de
Ponte tremendi Profpectus, Pantenbruck - - de Terræ motibus Cantonis Glaronenfis - - Tranfitus ex Cantone Glaronenfi in Uranienfem per Claridenfes alpes - - de Balneo infra
Schächano - - de Ventis Auftralibus Cantonem Uranienfem
perflantibus - - De Cantone Uranienfi fede fortitudinis Helveticæ - - de Ponte Diaboli - - de Valle Urferana - - de tranfitu per fummas Gothardi alpes - - de Cryftallis - - De Equis
Clitellariis vel Saumariis, horumque conductoribus & juribus.
De Lacubus in Monte S. Gothardi, qui Urfæ & Ticini conftituunt fontes - - de Ponte Tremulo - - de Granatis in defcenfu Gothardi obviis - - de Alpibus Lepontiis - - De Lepontiis Lacticiniorum & vaforum variorum nominibus - - De
Lucumonis monte - - de Valle medullina - - de Fontibus Urfæ, Ticini, Rheni, Rhodani in fummis alpibus - - de Montibus nivofis & Glacialibus Helvetiæ - - Iter per dimidiam
Vallefiam inde à Scaturigine Rhodani Leucam ufque - - de

Ther-

Thermis Brigenfibus. De Thermis Leucenfibus - - De Monte Gemmio & Lacu Dubano in hoc Monte - - de variis Mineralibus ditionis Bernenfis - - De aquis Mineralibus in vicinia Thuni - - de Antiquitatibus & aliis curiofis Bibliothecæ Bernenfis - - de altitudine Montium eorumque dimenfione per Barometra - - De Montium Helveticorum ftructura & ætate - - De Palude ardenti - - Fulmen, monftra - - Draco igneus, meteorum, - - De Balneo Falifcano Rhætiæ. De Fontibus Rheni pofterioris.

In lucem prodiere hi tres Tomi nunc recenfiti eum in finem, ut & conftaret laborum hactenus infumtorum ratio, & faliva moveretur Helveticæ nationi ad inveftigationem admirandorum naturæ. A°. poftea 1716. cœpi luci publicæ dare uberius fimul & ordinatius Hiftoriæ Naturalis Helvetiæ fyftema, ita tamen, ut ne cramben bis coctam Lectori apponerem, eum relegaverim occafione quavis ad Tomos & paginas prius editas, & I. Tomus Hiftoriæ hujus confiderari poffit tanquam IV.

Tomi hujus IV. igitur Rubrica eft fequens. *Helvetiæ Stoicheiographia, Orographia & Oreographia, oder, Befchreibung der Elementen, Grenzen und Bergen des Schweitzerlands. Der Natur Hiftori des Schweitzerlands Erfter theil.* 4. Contenta funt, De Aëre Helvetico, ubi plura experimenta Barometrica, fcala graduationis nova differens à Cafiniana & Mariottiana experimentis fundata : multa etiam de Dilatatione Aëris &c. - - de Igne & Calore Helvetiæ - - De Terra Helvetica - - de Temporibus Anni, quibus gaudemus - - De Montibus Helveticis, eorum denominatione, divifione in partes, ætate, ftructura, - - de Montium Cavis - - De Cryptis Æoliis - - - de Cafibus Montium - - de Labinis - - - De Montium Helveticorum utilitate, fitu, dimenfione - - de Montibus nivofis glacialibus, & Itineribus alpinis. Recenfio Alphabetica & defcriptio omnium & fingulorum montium Helvetiæ, Conradi Gefneri Defcriptio montis Fracti five Montis Pilati juxta Lucernam, Johannis Rhellicani Stockhornias, Theodorici Zwickii defcriptio Montium Glaronenfium. P. Clementis Capucini defcriptio montium Abbatifcellanorum. Rodolfi de Rofenroll defcriptio montium præci-

Kkkk 2   puo-

puorum Rhætiæ - - Joh. Leonhardi defcriptio Montium
Sylvæ Rhenanæ, Splügenfium & Suferanorum.

   Tomi V. feu *Novi operis II.* qui Tiguri Typis Bodmerianis prodiit 1717. Titulus hic eft: *Hydrographia Helvetica.*
Befchreibung der Seen , Flüßen , Brünnen , warmen und
kalten Bäderen, und anderen mineral Waſſeren, des Schweit-
zerlands Der Natur Hiſtori des Schweitzerlands Zwey-
ter theil. 4. Contenta funt. De aqua Helvetiæ - - Recenfio Lacuum Helvetiæ juxta ordinem Provinciarum, alia Lacuum, Fluminum & Rivorum juxta ordinem Alphabeticum - -
De inundationibus, fubmerfionibus, & extraordinaria ficci-
tate - - vera narratio Inundationis, quæ Locarnum cum toto
ejus Comitatu menfe Septembri 1556. afflixit, atque vaftavit.
Tobiæ Eglii literæ ad Bullingerum 28. Aug. & 25. Sept. 1576.
de quibufdam exundationibus Rhætiæ - - - Abrahami de
Champrenaud antelucana exundatio Birfici Rivi Bafileam in
terluentis d. 6. Jul. 1701. De Fontibus majalibus, & periodicis aliis, & relatio fontis juxta Larium Lacum, cujus memi-
nit Plinius Epift. L. IV. c. 30. - - De fontibus famis prænun-
tiis - - de fontibus Barometricis, feu tempeftates præfagien-
tibus - - - De fontibus largis - - - De Fontibus lotioni vel
cocturæ idoneis aut inidoneis - - de fontibus & Saxis pro-
fluis - - de fontibus æftate congelatis hyeme fluidis - - de Fontibus in oppofitas partes viâ longiffimâ euntibus ex eadem
Scaturigine, quorum nempe rami Mari Mediterraneo aquas
fuas dant, alii Oceano Germanico, - - de Aquis Mineralibus
Helvetiæ. Tractantur hæ ordine Cantonum feu Provinciarum, fed & fubdividuntur. I. in balnea mineralia κατ' ἐξοχὴν
ita dicta, quorum recenfentur & defcribuntur n. 85. II. in
Acidulas & aquas Martiales, quarum defcribuntur 32. III. in
Balnea frigida, quorum defcribuntur 9. IV. in Aquas falfas,
quarum fiftuntur 6. V. in aquas fulphureas frigidas, quarum
habentur 40. VI. in Aquas Tofaceas feu Petrificantes n. 2.
VII. in Aquas ftrumofas n. 2. VIII. Thermas n. 12. ut adeò
in univerfum defcriptio adfit Aquarum mineralium 188. quarum magna pars illuftratur propriis experimentis, tum Chymi-
cis tum Practicis.

Tomus

Tomus VI. feu Novi Operis *III.* prodit A°. 1718. Typis rurfum Bodmerianis, titulo fequenti.

*Meteorologia & Oryctographia Helvetica, oder Befchrei-
bung der Luft Gefchichten, Steinen, Metallen, und anderen Mineralien des Schweitzerlands, abfönderlich auch der
überbleibfelen der Sündfluth.* Contenta Meteorologia Helvetica. De Ventis - - De Nubibus - - De Pluvia - - de Pluvia
Sulphurea - - D. Joh. Jac. Wagneri judicium de pluvia Sulphurea, Tiguri lapfa d. ⁴⁄₇. Apr. 1677. De Pluvia fanguinea --
De Præfagiis pluviæ - De Rore - De Rore melleo - De
Pruina - De Grandine, - De Nive - De Tempeftatibus
inprimis grandinofis. De Meteoris igneis - - De Fulmine.
Obfervationes circa Hiftorias Fulminis Helvetici. De Globis
ignitis - - De Ignibus Fatuis, De Ignelambente, - - De
Stellis cadentibus - - De Draconibus volantibus & Capris fal-
tantibus - - De Jaculis ignitis, trabibus ardentibus, & exer-
citibus igneis, D. Chriftiani Wolfii Prof. Hallenfis Meditatio-
nes circa Phænomenon, quod accidit 17. Martii 1716. - De
Cœlo ardente - - De Terræ motibus - - De Iride Solari &
Lunari - - De Halonibus Solaribus & Lunaribus - - De
Parheliis & Parafelenis -- De infolitis Aftrorum coloribus --
De Mineralibus Helvetiæ. Hæc difpefcui Methodo amiciffimi
mei Woodwardi, quam annexuit Hiftoriæ Telluris illuftra-
tæ & auctæ.

I. Claffis de Terris pinguibus & macris: de Lacte Lunæ.
II. de Lapidibus. 1. qui mole majore reperiuntur in ftrata
difpofiti, compofitionis laxioris & Craffioris, quo pertinent
Saxa &c. Reliqua videri poffunt in citato tractatu.

Tomum Hiftoriæ Naturalis Helveticæ *VII.* conftituet *Hiftoria Plantarum in Helvetia fponte nafcentium.* Latino
Idiomate confcripta, perplurimis obfervationibus Criticis &
Practicis referta. Plantas numero ultra 1900. quas inter multæ funt. nondum defcriptæ, aliarum defcriptiones correctæ,
multi botanicorum errores emendati, multa Experimenta Chymica & Practica inftituta comparebunt, fi lucem aliquando
afpexerit, opus non ex minimis meis, icones circiter 300.
plantas ad unam ferè omnes adfervo, in Herbario, plures de-

pinxi ipfe, vel depingi curavi vivis fuis coloribus, eas cum-
primis, quarum colores non remanent. Defcriptiones quas
adjeci ipfe florum, ftaminum, vafculorum feminalium in ipfis
locis natalibus factæ. Incredibili enim voluptate, fed & labore, Plantas in fummitatibus ipfarum Alpium per tot itinera
quæfivi.

Tomum VIII. componet *Hiftoria Animalium Helvetiæ,*
Quadrupedum nempe, Avium, Pifcium, & Infectorum, ubi
methodo inædo Rajanâ & Willoughbeanâ

Tomum IX. exhibebit ipfos *Helvetios, eorum genium, fta-
tum naturalem & morbofum,* jungetque *Praxin Medicam,*
principiis modernis Phyfico-Mechanicis fultam, *ex remediis
inquilinis* imprimis deducendam, ut non ad exotica refuge-
re habeamus neceffe.

Defcripfi *Itinera Alpina,* quæ confeci fingula. Id quod
fufcepi A°. 1702. tranfiit per Cantonem Suitenfem, ejufque
Montes editiores, Aubrig, & Hacken, Eremum Helvetiorum, Suitiam, Uraniam, hinc per Alpes editiffimas Surenen-
fes ad Angelimontanam Abbatiam, jugis altiffimis claufam.
Adjeci huic defcriptionem Lactis & operum Lactariorum præter obfervationes varia Naturæ interfperfas. Vidit hoc iter
lucem Tiguri & Londini.

Iter Alpinum 1703. fpectat inprimis Rhætiam, publicatum
Londini in opere mox recenfendo.

Iter Alpinum 1704. habet Obfervationes in Thermis Faba-
riis & ϖℯιχώρῳ factas. Excurfionem item autumnalem ad lapici-
dinam Öningenfem.

Iter Alpinum 1705. tranfiit Alpes Glaronenfes, & Ura-
nienfes, imprimis Gothardi juga, hinc fummas Valefiorum,
dimidiam Valefiam & Gemmium montem. Eodem anno facta & defcripta excurfio in Montem Regium.

Iter Alpinum 1706. exhibet Obfervationes factas in Monte Pilati, Subfylvania, Jugo altiffimo, Joch, quod diftermi-
nat Angelimontanos à Bernenfibus, defcenfu per Hafelam
Vallem, hinc Bernam ufque & Neocomum.

Iter Alpinum 1707. tranfiit per Comitatum Sarunetum ad
Thermas Fabarias, in Montes Spelugam, Bernhardinum feu
Avi-

Aviculæ juga, Fontes Rheni posterioris, Furculam jugum altissimum, quod me deduxit Clavennam, unde iter prosecutus sum per Vallem Prægalliensem ad Acidulas S. Mauritii, & hinc per Albulam ad Curiam Rhætorum.

Iter Alpinum 1709. suscepi per Cantonem Tugiensem, Lucernensem, Subsylvaniæ, Montem Brunig, Thunum, hinc ad Grindeliam Vallem & montes ibi celebres Glaciales, porrò per Gemmium ad Valesiam, quam emensus sum usque ad Agaunum: hinc intravi Ditionem Bernensem, vidi Salinas Bactiacas, & porrò per Lausannam veni Neocomum &c.

Iter Alpinum 1710. spectat Cantonem Glaronensem, Castra Rhætica, Sarunetes, Comitatum Werdenbergensem & Gamsensem, Vallis Rhenanæ partem, Cantonem Abbatiscellanum, Comitatum Toggicum integrum.

Iter Alpinum 1711. pertransiit Cantonem Bernensem, Solodorensem & Lucernensem.

Horum itinerum tria, nempe de Annis 1702. 1703. 1704. Londini Imp. Henrici Clements, jussu Societatis Regiæ A°. 1708. in 4°. Sunt impressa, præfixo hoc titulo generali, quem ego in angustius contraxissem spatium, sesquipedalium titulorum osor.

Ουρεσιφοίτης *Helveticus, sive Itinera Alpina tria, in quibus Incolæ, Animalia, Plantæ, Montium altitudines Barometricæ, Cœli & Soli temperies, Aquæ medicatæ, Mineralia, Metalla, Lapides figurati, aliaque Fossilia, & quicquid insuper in Natura artibus & antiquitate per Alpes Helveticas & Rhæticas rarum sit, & notatu dignum, exponitur & iconibus illustratur.* Doleo propter meam a prelo absentiam, Librum multis aliàs Iconibus affabrè æri incisis ornatum, multis scatere mendis.

Tabulis subscripserunt suis quique titulis honoratissimi. D. *Franciscus Aston,* Armiger. Soc. Reg. D. *Joh. Bridges,* Armiger. D. *Hans Sloane,* Baronettus. M. D. Coll. Med. Lond. & Soc. Reg. D. *Tancredus Robinson,* M. D. Coll. Med. Lond. & Soc. Reg. Socius Secretarius. D. *Jacobus Petiver,* Soc. Reg. D. *Guil. Cowper,* Soc. Reg. D. *Richard Waller,* Armiger. Soc. Reg. Secret. D. *Joh. Woodward,* Med. D. Coll. Med.

Lond.

Lond. & Soc. Reg. Socius. Med. Greshamenfis Profeffor. D. *Samuel Morland*, Soc. Reg. D. *Joh. Gore*, Armiger. D. *Ifaacus Newton*, Eques auratus, Soc. Reg. Præfes. D. *Henricus Aldrich*, S. T. P. Ædis Chrifti Oxoniæ Decanus. D. *Martinus Lifter*, Med. Regius, Coll. Med. & Soc. Reg. Soc. D. *Arthurus Charlett*, S. T. P. Collegii Univerfitatis Oxoniæ Magifter. D. *Joh. Hudfon*, S. T. P. Biblioth. Bodlejanæ Oxon. Cuftos. D. *Johann Danvers*, Armiger. D. *Edmundus Halley*, Geometriæ Prof. Savilianus Oxoniæ Soc. Reg. Soc. D. *Humfredus Wanley*, Soc. Reg. D. *Thomas Bromfield*, A. M. è Coll. Univ. Oxon. D. *Joh. Harris*, S. T. D. Soc. Reg. D. *Georgius Howe*, M. D. Coll. Med. Lond. D. *Joh. Chamberlayne*, Armiger. Soc. Reg. D. *Edward Tyfon*, M. D. Coll. Med. & Soc. Reg. Soc. D. *Henricus Levett*, M. D. è Coll. Med. Lond. D. *Eduardus Southwell*, Armiger. Soc. Reg. D. *Guil. Mufgrave*, Med. D. Coll. Oxon. Med. Lond. & Soc. Reg. D. *Guilelmus Williams*, A. M. Coll. Exon. Oxon. Soc. D. *Petrus Hotton*, Med. & Bot. in Acad. Lugd. Prof. Soc. Reg. D. *Jacobus Bobart*, Horti Botanici Oxoniæ Præf. D. *Eduardus Lhuyd*, A. M. Cimeliarcha Ashmoleanus Oxon. D. *Samuel Dale*, Pharmacopeus Brantrienfis. D. *Godefridus Copley*, Baronettus, Soc. Reg. D. *Joh. Percivale*, Baronettus, Soc. R. D. *Jonathan Blackwell*, Armiger. Soc. Reg. D. *Salway Winnington*, Armiger. *J. Robertus Balle*, Armiger. D. *Thomas Ifted*, Armiger. Soc. Reg. D. *Thomas Walley*, A. M. Coll. Oriel. Oxon. Soc. D. *Dixon Colby*, A. M. è Coll. Merton. Oxon. D. *Georgius Stubbes*, A. M. Coll. Exonienfis Oxon. Soc. D. *Joh. Tharpe*, M. B. Oxon. Soc. Reg. Tabulæ in Univerfum funt 42. Relationem hujus mei ἀρεσιφοίτυ amplam fatis infertam vide ab Eduardo Luidio tranfactionibus Philofophicis. n. 316.

Eodem anno 1708. in 4. Typis Geffnerianis lucem viderunt *Pifcium Querelæ & Vindiciæ*. In Theatro comparent multi pifces, fuam à Diluvio originem demonftrantes. Labor mole exiguus, Theatri cujufdam Diluviani prodromus, benignè à Rep. Literaria exceptus, quod vel patet ex elegantiffima *Ill. Henrici Newtoni* (de Nova Villâ) Ser^{mæ} Magnæ

gnæ Brittanniæ Reginæ ad Ser[mum] Magnum Ducem Floren-
tiæ Ablegati Extraordinarii Epiftolâ, inter ejus *Epiftolas*,
Carmina, & *Orationes* Lucæ 1710. in 4. vulgatas p. 163. reperiunda, quam heic inferere tum propter Ill[s] Viri erga me
affectum, tum propter Plinianum ftyli nitorem, opere pretium duco. *Tuo certè lætus ex munere, at toto demùm per-
lecto volumine, admodùm lætior : quum & doctum infuper
& lepidiffimum (quæ non femper una conveniunt) mecum
omnes libenter agnofcent. Quàm nova, quàm mirabilia, in
fcenam introducis! Qui mutis quoque pifcibus, vocem fer-
monemque das, & quafi loqui parùm fuiffet, philofophantur
quoque. Queruntur, in foro poftulant, vincunt : deque in-
credulis, deque Philofophorum fectis placitifque ipforum
Magiftrorum fententiis, quàm bellè Ludos faciunt, quam-
que veros non minùs, neque id femel, Triumphos agunt! At,
quid mirum, fi mirabilia edant Pifces, in Montium jugis,
& intra ima Telluris vifcera reperti? fi denique Alpes nunc
demùm eis vice Oceani fluviorumque fint : pro fluctibus & un-
dis Terræ Strata, & metallorum fedes : quodque longè cæ-
tera excedit, par novo, atque inaudito hactenus argumento,
Scriptor? Marmore Homines, & coloribus rerum figuras ex-
preffimus : manuumque noftrarum monumenta per quam plu-
rima fecula durarunt; fed quantum Artem Natura fuperat!
quid enim quæfo ad Lucium tuum, primi atque antediluvi-
ani orbis incolam, vel ipfæ pyramidum moles? & non jam ille folummodò in menfa, atque Ferculis placet, confabulatus
etiam nobifcum fimul cum fociis; quique adeo non tam inter
dapes amplius, quàm inter convivas, recenfendi annume-
randique; folumque difplicet, quod tantus Orator tam cito
definat. Vale.* Flor. Maji VII. 1709. Prodiit hoc idem opu-
fculum, fed concentratius Idiomate Germanico, eodem anno, Typis iifdem, hoc titulo: *Bildniffen verfchidener Fi-
fchen, welche in der Sündflut zu grund gegangen.*

Circa idem tempus ad Ill[mum] Mathematicorum Philofophorum facilè Principem Ifaacum Newtonum, Soc. Angl. Præfi-
dem, fcripfi: *Differtationem Epiftolicam de Montium altitudine ac dimenfione.*

Actis

Actis Societatis Regiæ Gallicæ, A°. 1707. p. 555. Memoir. inferta eft *Obfervatio Eclipfeos Lunaris Anni* 1706. de qua monere juvat, defuiffe mihi Horologium Aftronomicum, adeoque illationes inde factas pro Longitudine Tiguri fuo carere fundamento.

Obfervationes variæ *Barometricæ* memorantur in Hift. de l'Acad. Roy. 1708. p. 26. ut &

Schediafma de Generatione & Speciebus Cryftalli p. 33. A°. 1709. Literis Geffnerianis prodiit in Fol.

Herbarium Diluvianum, Illuftri Gisberto Cupero Daventrienfi Confuli, viro de Re Literariâ meritiffimo, dicatum; fiftuntur in hoc Opere Plantæ Diluvianæ, aliique lapides his affines, quas inter eminent Dendritæ, explanatur illarum horumque difcrimen : defcribuntur varia Experimenta : definitur tempus Anni, in quod Diluvium incidit, per Obfervationes ex natura petitas. Quam fcitè hæc omnia, videre eft ex Teftimonio, quod inferuit Dⁿ. de Fontenelle Hift. de l'Acad. Roy. 1710. *Voila de nouvelles efpeces de Medailles, dont les dates font & fans comparaifon plus anciennes, & plus fures, que celles de toutes les Medailles Grecques & Romaines.* Tabulæ adfunt nitidiffimæ æneæ cum titulo. Subfcripferunt nomina fua Rev. in Chrifto Pater *Thomas*, Archiepifcopus Cantuarienfis. *Ill. Ifaacus Newton*, Eques Auratus, Soc. Reg. Angl. Præfes. *Ill. Joh. Paulus Bignonius*, Abbas S. Quintini, & Confiliarius ftatus ordinarius. *Ill. Peter Valkenier*, Potent. Reip. Belgicæ ad S. Cæf. Maj. Ser. Reg. Rom. S. R. I. Comitia, & Refpp. Helvet. ac Rhæt. Ablegat. Extraord. *Ill. Mauritius Emmet*, Eques Anglus. Cel. *Joh. Woodwardus*, Med. D. Phyfic. in Colleg. Gresham. Prof. *Ill. Guil. Sherardus*, J. U. D. Nationis Anglicæ tunc temporis Conful Smirnenfis. *Ill. Ant. Vallifnerius*, de Nobilibus de Vallifneria, Med. Prof. Patavinus. Nob. *Cafparus Efcherus*, Reip. Tig. Ducentumvir, Ven. Collegii Examinatorum Affeffor, poft Kyburgici Comitatus Præfectus. Nob. *Solomon Hirzelius* Reip. Tig. Ducentumvir, Ven. Collegii Examinatorum Affeffor. Diftractis operis hujus Exemplaribus, prodiit, anno præfenti, 1723. Lugduni Batavorum, fumptibus *Petri Vander*

Vander Aa, altera editio, cui acceſſit Appendicis loco, *Plan-tarum Diluvianarum Methodica in Claſſes Tournefortianas diſtributio*, ex qua quid ex ſingulis claſſibus à fatali illa inundatio-ne relictum fuerit, brevi conſpectu exhibetur. Tabulæ æneæ cum Appendice acceſſerunt quatuor, inſcriptæ *Celeb^m D^r. Her-manno Boerhaave*, Med. & Botan. Chem. & Coll. Pract. in illuſtri Academia Lugduno-Batava Profeſſori; *Celeb^m D^r. Garidel*, Aquis extienſi Med. Doct. ac Prof. Regio, de Hi-ſtoria Naturali inprimis Provinciæ meritiſſimo; *Summ. Rev^d. Dⁿ. Eberhardo Friderico Hiemero*, S. S. Theol. D. Ser^{mo} Wirtenbergenſi Duci à Concionibus & Conſiliis aulicis; *Ill. Dⁿ. Samueli Köleſero de Kerees-eer*, Secretario Gubernali Cæ-fareo-Regio Principatus Tranſylvaniæ. Epitome hujus Ap-pendicis ſiſtitur in *Meteorologia & Oryctographia Helvetica.*

Inſtitit in ſuis ad me literis ſæpius Ill. *Cuperus* pro ſua erga veteres ſcriptores affectu, ut de Commentario cogitem in *Pli-nii* libros Hiſtoriæ Naturalis, ſpeciatim Foſſilium. Parui, & ſpeciminis loco miſi *C. Plinii Secundi & Claudii Salmaſii Dialogum de Androdamante*, quem inſeruit D. *Le Clerc. Bi-blioth. Choiſie* Tom. XVII. p. 192. Eundem reimprimi curavi in *Meteorologia & Oryctographia Helvetica.* Alia, quæ Com-mentarii Pliniani loco ſervire poſſunt, reſervo pro *Lexico Foſſilium.*

Occaſionem dedêre res Toggicæ, quæ poſt multas lites tan-dem in apertum erupêre Bellum, ut pararem, id quod effectui de-di A°. 1710. *Mappam Comitatus Toggici, die Landſchafft Tog-genburg*, in qua Thuræ flexus omnes à prima ferè ſcaturigine cum adjacentibus pagis ope Magneticæ acus delineavi.

Nunquam in vita mea mirari ſatis potui, dari poſſe Theolo-gos Miſo Mathematicos. Novi, quod ſcripſit Magnus ille Daniæ Aſtronomus *Tycho Brahe* Epiſt. ad *Conradum Aſſachum* ap. *Melch. Adamum in Vitis Theolog.* p. 840. *Optarem, plures ejuſmodi Concionatores* (de Bartholomæo Pitiſco loquitur) *re-periri, qui Geometrica gnaviter callerent, fortè plus eſſet in iis circumſpecti & ſolidi judicii, rixarum inanium & Logoma-chiarum minus.* Ne quid dicam de eo, quod ipſe *Pitiſcus* habet *Epiſt. Trigonometriæ* præmiſſa: *Quam optandum eſſet hoc feculo omnes Theologos effe Mathematicos, hoc eft, homines tractabiles & manfuetos.*

Thema igitur Inauguralis meæ *Orationis*, quam d. 28. Nov. 1710. dixi: felegi *de Mathefeos ufu in Theologia.* Impreffa hæc prælectio poft obftacula quædam, Tiguri, Imp. Joh. Finsleri, Typis Hardmejerianis 1711. 4. additis in fine teftimoniis *Eufebii* L. VI. c. 18. *Henr. Bullingeri,* Magni illius Ecclefiæ Tigurinæ Reformatoris & Antiftitis, *de inftit. Studior.* p. 41. *Joh. Jac. Breitingeri* Eccl. Tigur. Antiftitis in *Hypomnemat. fubitan.* in gratiam. *Joh. Jac. Wolphii* confcriptis. *Sam. Werenfelfii* Bafilienfis S. Th. D. & P. *Diff. de Logomach. Erudit.* c. 10. §. 2. & carmine cygneo eruditiffimi *Gothardi Heideggeri,* quibus addere potuiffem *Hieronym.* ad. c. 1. Daniel. *Si quifpiam adverfus Mathematicos velit fcribere imperitus Mathematis, rifui pateat.* Altera vice prodiit hæc ipfa Prælectio. Amftelod. ap. R. & G. Wetftenios 1712. 8. De hac materia fequentia ad me Smirna perfcripfit Ill. meus *Sherardus* d. 17. Dec. 1711. *Novi* Miniftrorum ingenium, & vereor, ne te necromantiæ poftulent: non inepta fuit olim Parifienfium refponfio Synodi delegatis, qui rogaverunt, fi quid addi vellent Liturgiæ, dixerunt, adjungi fe velle folummodò, *ab Odio Theologorum libera nos Domine.*

Eodem A°. 1711. prodiit in 4 Defcriptio Balnei Infra Urnenfis in Cantone Glaronenfi hoc titulo: *Befchreibung des Nider Urnen Bads im Glarnerland:* inferta poft *Hydrographiæ Helveticæ.*

Obfervationes inter alias, quas reportavi ex Itineribus meis, fuere Geographicæ: integros fæpe fluvios à primis fuis fcaturiginibus, ut Rhenum, Rhodanum, Rufam Albulam, &c. delineavi ope Acus Magneticæ, & fingulari induftriâ, ubi potui cunque, adnotavi pagos, horumque diftantias. Denique hafce Obfervationes, junctis quas fecere alii, collegi in magnam & *Novam Helvetiæ tabulam Geographicam,* quæ in 4. tabulis prodiit A°. 1714. una cum indice Alphabetico, *Regifter aller in diefer neuen Schweitzer Chart befindlichen wörter,* ex quo conftat numerum locorum furgere ad 3863. duplo majorem Gigerianâ hactenus optimâ. Id infuper in hac

mappa

mappa obfervare eft, ornari eam circum circa fchematibus variis ad Hiftoriam Helvetiæ naturalem fpe&antibus & locorúm
fimul Religionem feu Reformatam, feu Pontificiam, feu mix-
tam fuis certis fignis diftingui. Adjeci poft clades five pugnas
hinc inde in Helvetia commiffas, & annos, quibus hi confli-
&us fuere commiffi. Notanter tamen, ne quis exiftimet, ex-
hibere me mappam Helvetiæ omnibus fuis numeris abfolutam,
adjeci ad marginem hoc Monitum: *Tabula hæc ex propriis Au-*
thoris Obfervationibus occafione Itinerum Alpinorum innu-
meris locis correcta & aucta, non tamen ita perfecta exhi-
betur, quin permultis locis corrigi opus habeat. Monitum,
quo operis licet pretiofi imperfectionem ingenuè confiteri, &
fimul alios ad fimiles labores excitare volui.

Profeffionis meæ Mathematicæ memor, publicavi typis A°.
1714. in 8. *Enchiridion Mathematicum,* concinnatum juxta filum
Cafparis Buffingii, V.D. apud Hamburgenfes Min. & Math. Prof.
in Mathematibus univerfis in tabulas fuccinctas redactis, quæ
prodierunt Hamburgi Sumt. Auth. Typis Zieglerianis. 1695. f.

Hiftoriam ut conderem Helvetiæ naturalem, confului non
foli duntaxat montofi noftri Naturam, & Naturæ luxuriantis
producta, fed quoque inde à bene multis annis collegi Indicem Scriptorum, qui vel in aliis Regionibus Terræ, vel in
Helvetia noftra huic ftudio fe applicuerunt. Patet id ex *Bi-*
bliotheca Scriptorum Hiftoriæ Naturali omnium Terræ Re-
gionum infervientium, tanquam Hiftoriæ Naturalis Helve-
ticæ prodromo. cui acceffit Cel. Viri Jacobi Le'Long, Biblio-
thecarii Oratoriani, de Scriptoribus Hiftoriæ Naturalis Gal-
liæ. Tig. Typ. Bodmer. 1716. 8. Opus novis femper accef-
fionibus augendum, iis interim, qui ftudio huic naturæ fe applicare ftudent, perutile, non dicam, neceffarium. Invenias
hic, Lector, Ordine Geographico fimul Regionum, & Authorum Alphabetico Scriptores Hiftoriæ Naturalis *Hifpaniæ,*
Portugalliæ, Galliæ, Sabaudiæ, Germaniæ, Belgii Foe-
derati, Helvetiæ, Italiæ, Pannoniæ, Carinthiæ, Carnio-
liæ, Hungariæ, Poloniæ, Daniæ, Suediæ, Brittanniæ, Siciliæ,
Melitæ, Corficæ, Sardiniæ, Afiæ, Africæ, Americæ, amplam
tandem & fpecialem Hiftoriæ Naturalis Galliæ fegetem, quam

me-

mecum benevolè communicavit Cl. Le Long, ex opere am-
plissimo, *Historiæ Scriptorum Galliæ* extractam. Disponere
potuissem ordine reali materierum, singulatim Botanicos, Mi-
neralogos, Zoologos, Hydrologos, &c. sed hic ordo alii est
reservatus operi.

Ex Lexico Diluviano specimen *de Cornu Ammonis,* ad
Societ. Leop. Carolinam & Regiam Scientiarum Societatem
Parisinam insertum *Ephemeridum Germ. Cent.* V. App. p. 15.

Applicationis meæ qualiscunque ad Historiam Numismatum specimen est *Thesaurus Numismatum antiquorum Hol-
länderianus.* Tig. Typ. Bodm. 1717. 8. qui transeat in Magni alicujus Principis, vel inclytæ Reipublicæ, vel privati
Νꙋμισματοφίλꙋ manus dignissimus. Chartaceus dicatus ipsius
Collectoris *Tobiæ Holländeri,* Consulis Reipubl. Schaphu-
sianæ Ampliss. Hæredibus.

Qualis & quanta sit collectio mea Reliquiarum diluvii, patet ex *Museo Diluviano,* quod lucem vidit Tig. Typ. Bodm.
1716. 8. dicatum *Ill. Hans Sloane,* Baronetto Angliæ. In
conspectu comparent ordine Plantæ, Testacea, Crustacea,
Quadrupeda, Pisces, Aves, Insecta, Hominum partes, eo
ordine, quem observavi in Oryctog. Helv. numerus omnium
surgit ad 1513.

Fossilia reliqua in Catalogum quidem redacta, sed nondum
publicata, lapides, nempe Metalla, Terræ, Salia, Sulphura
non solum in Helvetia, sed ex aliis Terræ provinciis magno
studio conquisita surgunt ultra 2000. quæ inter Helvetica sola sunt 667. & Diluviana fossilia ante recensita Helvetica 523.

Testaceorum tum *Marinorum,* tum *Fluviatilium* collegi
471.

Herbarium Vivum constat Plantis & Fructibus in Catalogum redactis ultra 3000.

Numophylacium meum ornant Numismata Romana & Græ-
ca numero 1812. partim in Catalogum redacta, partim redi-
genda.

Annus 1713. Occasionem dedit conscribendæ *Historiæ Politicæ Reformationis circa Pacta Senatus & Populi Tigurini fundamentalia.*

Eadem

Eadem occasione *Commentarium* paravi amplum *in Pacta Reip. Tigurinæ jurata, der Statt Zurich Gefchworne Brieffe,* quo conftitutionem Regiminis confero cum Rebufpublicis aliis inprimis Græcis & Romana, oftendens ideam hujus Regiminis Ariftocratico-Democratici effe unam ex optimis quibufque, & jura Senatus ac Populi tam pulchrè invicem combinata, ut nec illius authoritas, nec hujus libertas, pati unquam poffint quicquam.

Commentarius, quem occafione Collegiorum Politico-Hiftoricorum Linguâ Latinâ paravi in Celeb. *Henr. Hottingeri Methodum confcribendi Hiftoriam Helveticam,* deduxit me ad *Bibliothecam integram Hiftoricorum Helveticorum,* quam poftea difpefcui fuccinctius.

1. *Ordine Chronologico,* juxta temporum feriem, quo quifque tempore vixerit, fcripferit vel floruerit.

2. *Ordine Alphabetico,* quo fcriptorum quilibet illicò inveniri poffit.

3. *Ordine Geographico,* juxta Cantones five Provincias, Confœderatos, Præfecturas fubditas, ex quibus Scriptorum quifque fuerit.

4. *Ordine reali materierum,* qui rurfus fubdividitur:

I. In Helvetiam univerfam.

II. Provincias fingulas.

III. Hiftoriam Ecclefiafticam, Monafteria, Templorum Inaugurationes.

IV. 1. Hiftoriam Civilem. 2. Bella inteftina, Tumultus, feditiones. 3. Bella cum Exteris. 4. Fœdera inter Provincias. 5. Fœdera cum Exteris. 6. Regiminis formam. 7. Legationes & Ceremoniale. 8. Privilegia, Jura, Leges. 9. Numifmatica. 10. Virorum Illuftrium, Sanctorum, Eruditorum Biographias, Icones, Panegyrica, Orationes funebres, Carmina gratulatoria. 11. Incendia, Naufragia, Calamitates alias.

V. Hiftoriam Naturalem, cujus Scriptores extant in *Bibliotheca Scriptorum Hiftoriæ Naturalis* fupra recenfita.

VI. 1. Geographiam. 2. Antiquitates Romanas. 3. Heraldica, Genealogias &c. 4. Itinera.

Ano-

Anonymos tandem *Historicos* difpofui 1. Juxta Ordinem Provinciarum, feu Geographicum. 2. Ordine Chronologico.

Ut unda undam trudit, ita collegi juxta Provinciarum Helveticarum ordinem, *Scriptores ex omni facultate* quofvis, cum Biographiis & Scriptis, tum impreffis, tum ἀνεκδότοις. Laboris amplitudo vel ex recenfione conftat. Ante aliquot jam annos Tigurinos habui 526. Bernenfes 175. Lucernenfes 19. Urios 2. Suitenfes 16. Subfylvanos 3. Tugienfes 5. Glaronenfes 17. Bafilienfes 287. Friburgenfes 7. Solodorenfes 10. Scaphufianos 66. Abbatifcellanos 8. Ex Cœnobio S. Gallenfi 43. S. Gallenfes 60. Rhætos 89. Vallefios 5. Mulhufinos 41. Biennenfes 5. Neocaftrenfes 19. Genevenfes 74. Ex Epifcopatu Bafilienfi 2. Turgoios 12. Badenfes 8. Ex Sarunetibus 1. Ex liberis Provinciis 1. Ex Valle Rhegufca 1. Ex Luganenfi præfectura 1. Ex Urbigeno agro 1. Ex Grandifoniana præfectura 1. Raperfuilenfes 6. Angelimontanos 2.

Index in MSC. Sancto Gallenfia Bibliothecæ Tigurinæ, in ufum ejufdem paratus.

Index fpecialis Authorum & materierum *in Acta Societatis Regiæ fcientiarum Gallicæ* ab A°. 1699. ad 1712. inclufivè in ufum inprimis ftudiorum meorum privatum.

Oratio de Miraculis Paffionis Chrifti publicè dicta.

Collectanea pro Reformatione Scholæ Tigurinæ.

Mufei civici Tigurini defcriptio affervatur in Bibliotheca publica.

Collectanea pro *Geographia Hifpaniæ, Galliæ, & Germaniæ.*

Toggici Comitatus Defcriptio. Germ.

Hodegus Studiofi Politici.

Index Nummorum Græcorum ex Imperatoriis, & Confularibus ordine alphabetico digeftus.

Index Nummorum Græcorum pro Regibus & urbibus eodem ordine.

Index fpecialis in *Collectaneorum Wickianorum* Tomos, quæ affervantur in Bibliotheca Carolina.

Hiftoria Lapidum Figuratorum feu Reliquiarum Diluvianarum ex Comitatu Neocaftrenfi. Potentiffimo Regi Pruffiæ transmiffa, quum potiretur hoc Principatu.   *Colle-*

Collectanea Inscriptionum antiquarum Romanarum in Helvetia reperiundarum.

Ludoviciana Pharmacia in Compendium redacta.

In *Baufchium de Aetite Notæ* & Additamenta.

Meditationes de Morte. Translatio est ex Italico in Germanicum *dell' Huomo al punto civé, l'huomo in punto di Morte considerato del Padre Danielo Bartoli,* in Venet. 1677. 12

Præceptoris mei fideliſſimi *Joh. Chriſtophori Sturmii,* Prof., Altorffini, *Theoſophiæ ſive cognitionis de DEO naturalis ſpecimen,* Annexum *Phyſicæ* ſuæ *Eclecticæ* ſive *Hypotheticæ,* Norimb. ap. Endteros 1697. 4. Translatio è Latino in vernaculum. Tit. *GOTT zeigende Naturwiſſenſchaft.*

Architecturæ civilis Compendium.

Menſurarum cavarum Tigurinarum & Tugienſium pro liquidis & aridis dimenſio.

Nomenclatura Lapidum figuratorum, Aliquando conſcripta in gratiam Ill. *Valkenerii.*

Todes gedanken Geſprächsweiſe vorgetragen. Verſio eſt è Gallico *in* Germanicum*, des Entretiens ſur la Mort du P. Malebranche.*

Joſephi Pitton Tournefortii Methodus Plantarum ex Gallico in *Latinum tranſlata,* ante editionem *Inſtitutionum Rei Herbariæ,* & cum Rajana methodo in parallelifmum poſita.

Jobertus de Numifmatum notitia ex Gallico in Latinum verſus.

Williſius de Anatome Cerebri ex Latino in Germanicum. Notæ in Becmanni Politicam.

Excerpta ex Leibnitii Theodiceo, & Crozæ Logica.

Von der Seelen Unſterblichkeit und dem ewigen Leben. Translatio *Guil. Scherlock de l'Immortalité de l'Ame, & de la vie eternelle.* ex Gall. in Germ. nondum finita.

Richardi Bentley VIII. Predigten wider die Gotteslaugner. Verſio Germanica ex Anglico Concionum VIII. contra Atheos habitarum.

Paſcal Penſées ex Gall. in Germ. translatæ. Diſcurſus varii linguâ vernaculâ in Collegio Ꞇ ἐιωοόντων habiti. De Matheseos partibus. *De usu Matheseos in Theologia, Politica. De Mathematicis Scythis. De Mathematicis Hispanis. De Problemate Medicorum Monspeliensi, Vade & occide Cain. De Conchitis.*

    Acta Collegii ϯ ἰννοεύντων consignata ab A°. 1695. ad 1709. inclusivè.

    In Loca Scripturæ Sacræ Physico Mathematica Commentarius, satis amplus, ad usum Auditorii publici, cui prælegitur, in primis ad Theologiam Naturalem accommodatus, perveni hactenus σὺν θεῷ κ μύρῳ à Genesi ad Jobum.

    Non mittendus est labor licet inchoatus, omnium quos hactenus suscepi, & maximus, & difficillimus, *Lexicon Pantoglotton* duplex, unum Mineralium seu Fossilium, alterum Reliquiarum Diluvianarum, suis ubique iconibus illustrandum; quo comparebunt Alphabetico ordine omnium linguarum nomina, genera, species, notæ & generum & specierum characteristicæ, cum Authorum Synonymis.

    Vitæ & Scripta Authorum Botanicorum, Mineralogorum & Zoologorum comparebunt in *Bibliotheca Botanica, Mineralogica & Zoologica;* quâ congessi hactenus Scriptores ultra 1400. ex omni natione & ævo.

    Explication d'une Medaille d'un Prince Anonyme, Fils de Domitien adressée à Monsr. Formond de laTour.

    Vita Conradi Gessneri Medici & Philosophi Tigurini, periit hic Labor, quod ægerrimè me fert in Itinere Norimbergensi.

    Laurentii Pataroli Series Augustorum, Augustarum, Cæsarum, & Tyrannorum omnium tam in Oriente, quam in Occidente &c. Venet. 1702. Translatio ex Lat. in Germ.

    Observatio de Gangræna, aliisque pravis symptomatibus, ab esu panis, clavorum secalinorum farinâ inquinati, excitatis. In Misc. Lips. Tom. V. p. 131.

    Experimenta Barometrica pro varia diversi Aëris elasticitate exploranda in variis Helvetiæ locis, occasione excursionis Alpinæ mense Sept. Anni 1714. susceptæ. Ope Tubi 32. digitos Parisinos longi 2. linn. diametro. In transact. Philos. n. 344.

    Tables of the Barometrical Altitudes of Zurich in Switzerland in the Year 1708. *observed by Dr.* Joh. Jac. Scheuch-

zer

zer *F. R. S. and at Upminster in England, observed at the same thime by Mr. W.* Derham *F. R. S. as also the Rain at Pisa in Italy in* 1707. *and* 1708. *observed there by Dr.* Michael Angelo Tilli *F.R.S. and at Zurich in* 1708. *and at Upminster in all that thime. With Remarks on the same Tables, as also on the Winds, Heads and Colds, and divers other Matters occurring in those tree differents parts of Europe. by Mr. W.* Derham, *Rector of Upminster.* In Transact. Philof. n. 321.

Specimen *Physicæ facræ,* f. Commentarii in S. S. Loca Phyfico Mathematica in Job. 11. 7. 8. XXVI. 7.

Acarnania f. Relatio Eorum, quæ hactenus elaboravit Acarnan, J. J. S. Extat in Mifc. Lipf. T. VIII. p. 117.

Medicinæ & Morborum ftatus una cum Ætiologia Incrementi eorum in his temporibus, fpeciatim vero de Variolis, cum Animadverfionibus quibufdam in novam purgandi in hoc Morbo Methodum. Præmittitur Idea Naturæ & ftructuræ humanæ, Morborum quibus eft expofita, Methodus iifdem medendi. Authore *Joh. Woodwardo* in Colleg. Gresh. Profeffore, abs me in Latinum Idioma converfa. Tiguri Typ. Bodmer. 1720. 8.

Λοιμογραφία Maffilienfis. *Die in Marfeille und Provence eingeriffene Peftfeuche.* Ib. 1720. 8.

Von der Marfilianifchen Peftfeuche erfte Zugab, enthaltend 1. *Derofelben vollftandige Befcreibung durch Herren* Chycoyneau, Verny *und* Soulier.

2. *Ein Schreiben an Herren* de Fornes *von Herren* Chycoyneau, Verny *und* Deidier.

3. *Ein Schreiben an Herren* de Bon *von Herren* Pons.

4. *Befchreibung der Peft zu Aix von anfang des Augufti bis zu end des Jahrs* 1720.

Verteutfcht. Ibid. 1721. 8.

Hift. Phyfica facra, *oder Hift. Naturwiffenfchaft verglichen mit der Heutigen.* Ib. 1721. 4.

A. . . . . *Differtatio de Pefte Provinciali,* ex Gallico in Latinum & Germanicum Idioma translata, & Annotationibus illuftrata. Tiguri 1721. Sumtibus Authoris.

INDEX
NOMINUM ET RERUM,
IN
ITINERA ALPINA.

B.

C.

N nn n 2 Cam-

Ca-

Cha-

Co-

Oooo Em-

F.

Fun-

Gra-

Pppp Her-

Li-

Luch-

M.

Qqqq   Mel-

Qqqq 3

Po-

Rrr r 3   Schwan-

Un-

INDEX NOMINUM ET RERUM

F I N I S.

E M E N D A N D A.

Pag. 24 in. ult. leg. *Firnalpælin.*   p. 29 lin. 24 *Ageratum* ad novam reducendum lineam.
p. 33. lin. 40 & 41 leg. *angustifolia.*   p. 37 lin. 4 leg. *Gentianella.*   p. 41 lin. 11 leg. *malè facta.*
lin. 17 post *descriptioni* adde comma. p. 46 lin. 13 leg. *alpina.* p. 51 lin. ult. leg. *ut.* p. 55 lin. 17
leg. γαλεϐειν. lin. 21 leg. *Milchfienen.* p. 57 lin. 21 leg. ἰχϴϵ. p. 58 lin. 11 leg. *Locum.* p. 63
lin. 7 leg. *Nidlemuttelin.* p. 65 lin. 22 leg. *facio.* p. 66 lin. 4 leg. ἰοϐ. p. 67 lin. 13 leg. *exornata.*
p. 70 lin. 23 leg. 17. p. 73 in marg. leg. *Barometricarum.* p. 80 lin. 31 leg. *Josen.* p. 81 lin. 13 leg.
Müllithal. p. 84 lin. 2. leg. *insalutato hospite.* p. 85 lin. 32 leg. *Destillatorii.* p. 87 lin. 7 leg. *eleganter.*
lin. 9 leg. *quibusdam.*   lin. 22 leg. *interamis.* p. 90 lin. 8 leg. *Ro-*   p. 94 lin. 2. leg. *nonnunquam.*
p. 97 lin. 8 leg. *detrectabo.*   p. 101 lin. 31 leg. *Campodolcin.* p. 115 lin. 34 leg. *zuihun.*   p. 123
lin. 7 leg. *Michaëlsteinensis.* p. 126 lin. 19. leg. *delatus.* p. 135 lin. 7 leg. *panicula.* lin. 38 leg. *squamis*
p. 140 lin. 29 leg. *offendo.* p. 142 lin. 36 leg. *angustifolio.* p. 144 lin. 10 leg. *vulgaris.* p. 147 lin. 5
leg. *Tertium.* p. 205 lin. 16 leg. *parallelepipeda.* p. 358 lin. 5 leg. *Austr' Occidens.* p. 436 lin. 13 leg. *præfe-*
rendam. lin. 22 leg. *Stoicheiographia.* p. 440 lin. penult. leg. *eaque.* p. 444 lin. 34 leg. *Exercitus.* p. 448
lin. 20 leg. *Trichomanis.* p. 453 lin. 25 leg. *spicâ.* p. 467 lin. 24 leg. *Ampliffimi.* p. 475. lin. 11. leg.
Michaël. p. 512. lin. 9 leg. *capitulis.* p. 513. lin. 9 leg. *Bellis.* p. 514 lin. 6 leg. *Lichen.* l. 24. leg. *muscosa.*
p. 516 lin. 33 leg. *alpina.* p. 517 lin. 13 leg. *Plantago* p. 539 ad marg. *Glaronensium.* p. 542 lin. 28
leg. *Rhomboidalis.*

www.ingramcontent.com/pod-product-compliance
Lightning Source LLC
Chambersburg PA
CBHW072037090426
42733CB00032B/1837